JN119428

実務者のための

"アウトカム重視"の政策立案と評価

地方創生に活かす政策形成の基本

（株）アリエールマネジメントソリューションズ
矢代 隆嗣

公人の友社

実務者のための
"アウトカム重視"の政策立案と評価
〜地方創生に活かす政策形成の基本〜

目　次

《コラム》一覧

はじめに

◆本書を活用して頂くために

ねらい

　　本書は、地域の問題解決を担う実務者が、"成果（アウトカム[1]）"を実現するための政策形成[2]の考え方、進め方、手法を提案しています。自治体の他、NPO、市民団体など非営利組織の職員、また、CSR[3]への取り組みやSDGs[4]達成に向けて社会問題の解決に意欲的な民間企業の方々にも役立てていただけるように実践に活用できる内容となっています。

　　公的問題の解決には、計画（立案）（Plan）—執行(Do)—評価(Check)（PDC）の政策形成プロセスが効果的ですが、特に"政策立案の質"が成果（アウトカム）実現に大きく影響します。そこで本書は政策形成の経験が少ない実務者が、立案の質を低下させてしまう'落とし穴'を理解し、それに陥らないために重視すべき内容をまとめています。

本書を活かして欲しい実務者

　　地域の問題解決に意欲はあるが経験が少なく、進め方を習得したい実務者を対象としています。その中には政策を創り、実施し、評価を展開する担当者だけではなく、そのプロセスに関わる部門メンバーも含まれます。例えば、自治体では企画部門、財務部門、行政改革部門などの職員の皆さんです。

　　このように組織の中で、個々の政策領域の担当者とともに、政

策全体の最適化を担うことが期待されている管理部門の担当者にも本書を活かしていただきたいと望んでいます。

実務での実践ノウハウを組み込んでいる

　実務者が現場で政策形成を実践するためのガイドブックとしての本書は、政策形成に関する問題認識と実務者の現状を踏まえ、まず、実務者が押さえるべき「基礎知識」と担当領域での問題解決に実践できる「具体的な手引き」となるような内容を組み込みました。

　特に、政策形成の核である政策立案での「落とし穴」を避け、地域の問題を解決できる政策を創り上げることを重視しています。本書が提案している政策形成の進め方・手法・ツールは、実務者が陥ってしまう政策形成上の落とし穴を事前に回避できた内容であるとともに、落とし穴に陥りかけたメンバーの気づきを引き出し、軌道修正につなげたアドバイス・サポート内容が組み込まれています。

地域の問題解決には評価も重要

　政策が対象にしている公的問題は極めて、複雑であることや、外部環境に影響されることから解決が困難な内容があります。こうした特性を持つ公的問題を解決するには、"仮の答"として立案した政策を実施により検証し、見直しを行うことが効果的です。

　そのために多くの自治体は、評価制度を構築し、運用しています。しかし、それが形式的な運用となっており、政策の見直しにつながっていないとの指摘があります。本書は、地域の問題解決のためには、立案だけではなく、評価についても目的に適した効果的な運用ができるような進め方を提案しています。

担当者一人ひとりが現場を変えていく

　　これまで行政改革、政策評価制度の導入、事業のスクラップ＆
ビルド、地方創生への取り組みを推進する担当部門を設立しても、
その目的が実現できていない背景には組織的な問題があることが
指摘されています。

　　組織的な問題を克服しなければ、"成果（アウトカム）型政策
形成"の展開は困難です。その克服方法は別の機会に述べるとし
て、本書は、現場で地域の問題解決を担当する一人ひとりが成果
（アウトカム）の実現をめざして政策形成を展開するための考え
方、進め方、手法について提案しています。それらを一人ひとり
の実務者が活用することで、それぞれの政策現場を変えていくこ
とを重視しています。

◆地域で求められる"政策形成人材"

求められる"政策形成人材"

　　"政策形成人材"とは、①地域問題の解決（アウトカム実現）に向け、②多彩なステークホルダー（利害関係者）との協働において、③問題設定、対策立案、実施、評価という問題解決のプロセスを、④成果実現へ効果的・効率的にマネジメントする人材です。

　　政策形成人材は、政策形成を多様なステークホルダーと協働で推進するプロセスをマネジメント（舵取り）できる人材です。'固定観念や前例踏襲的な発想'、'経験や直感への過度な依存'、'手段ありき'、そして、'それぞれの利害を重視する傾向'のある様々なステークホルダーとともに、本来の目的が実現できるように協働による政策形成プロセスをマネジメントできる人材です。

指摘されている政策形成の課題

　　政策が執行されたにもかかわらず、問題が解決されない事例が多く報告されています。その背景には立案された"政策の質"が不十分なまま執行が始まっていると指摘されています。これは政策立案上の問題です。その一方で、成果が出ていないにもかかわらず、政策が継続されていることも見られます。これは実施後の評価が形式的であるために政策の見直しが適切に行われていない政策評価上の問題です。

　　このような政策形成上の課題の背景には、担当者の'アウトプット重視'が見られますが、成果（アウトカム）を重視しない政策形成プロセスが継続されている組織としての問題も指摘されています。

アウトカム志向の政策形成人材の育成

　　地方分権化は地域間格差を生むリスクがあると言われています。その地域間格差に影響を与える大きな要因として‘人材’が挙げられています。地域の課題に対して、その地域の内外環境に適した「答えを創り出していく」には、従来の手続きを重視する取り組みでは限界があります。新たな環境に対応し、着実に地域の問題を解決できる人材に求められる発想と能力を開発する必要があります。

　　なお、どの組織にも"成果（アウトカム）重視"による活動で成果を生み出してきた人材がいますが、限られた人材であることから多くの担当者が‘アウトカム重視の政策形成人材’として活動できる動機づけと能力強化が求められます。

◆実務で活かす内容

実務者が陥る落とし穴を自覚し、避けること

　　政策形成に関する研究者が指摘する先に述べた課題は、筆者が長年担当している地域問題解決のための実務者向けの政策形成、政策評価、問題解決企画書づくりについてのプロジェクト、研修、ワークショップなどでも実感しています。

　　指摘されている課題の背景には、政策立案において、政策の質を低下させる「落とし穴」に陥ってしまうことが挙げられます。例えば、問題設定が曖昧のままで、手段ありきの政策を提案してしまうことや、提案する政策に適切な根拠が伴っていないことなどです。

　　こうした「落とし穴」は、頭では理解できており、演習問題や他グループの発表に対しては、的確な指摘ができるものの、担当している政策、またはグループ研究の成果物に反映することができない担当者が多く見受けられます。自ら実施する際には、自分たちも落とし穴に陥ってしまうのです。成果（アウトカム）重視の重要性を理解していても、〝実務でうまく実現できない〟という深刻な課題です。

　　本書ではこの現状を否定的に捉えるのではなく、こうした実態を踏まえて、理解と実践のギャップの気づきを引き出し、現状の課題をどう克服していくかを提案しています。

実務者に求められる７つの内容

　　　実務者のための本書の主な内容は、①求められる政策形成人材、②政策形成の基礎知識、③立案上の３つの落とし穴、④落とし穴の回避方法、⑤政策立案の手順・視点、⑥成果（アウトカム）重視の立案と評価の進め方・ツール、⑦実務者が押さえておきたい政策形成の手法の７つです。

　　　まず、①「求められる政策形成人材」は、地域に求められる政策形成人材像と必要な能力を説明しています。②「政策形成の基礎知識」は、実務者が現場で政策形成を推進するために押さえておきたい基礎知識や手法と現状の政策形成上の課題を整理しています。基礎知識を押さえた上で、③「立案上の３つの落とし穴」では、実務者が地域の問題を解決するために政策立案する際に、陥る落とし穴について説明しています。④「落とし穴の回避方法」は、成果を実現できる政策形成で重視すべき落とし穴を回避する方法を提案しています。そして、⑤「政策立案の手順・視点」は、④の回避方法を組み込んだ政策立案の具体的な手順と質を高めるための視点を解説しています。⑥「成果（アウトカム）重視の立案と評価の進め方・ツール」では、成果実現へ政策形成プロセスを適切に展開するための立案内容に仕上げるための手法・ツール（アウトカム・パス）の活用を提案しています。⑦「実務者が押さえておきたい政策形成の手法」は、成果（アウトカム）実現に向けて政策形成を推進する実務者に活用が求められる視点・手法を解説しています。

実務に活かす EBPM[5]（Evidence-Based Policy Making）やデータ活用

　　　政策形成プロセスでの意思決定において、経験や直感よりも科学的な根拠（エビデンス）を重視することの重要性が議論されて

います。根拠となるデータを集め、分析することや、オープンデータやビッグデータの活用も期待されています。ただし、EBPMの考え方がめざす姿と政策形成を行う現場の実務環境や担当者のリサーチリテラシーが大きく乖離する中では、どのような取り組み方をしていくかが重要となります。

　本書では、実務において、なぜ、EBPMの考え方やそのためのデータ活用が政策形成に重要なのかを理解し、'研究'ではなく、"実務"において、かつ"現状の実務環境下で"、どのように取り組むのか、今後、どのように環境整備や人材育成をしていくべきかなど実務での進め方を提案しています。

◆政策形成の核として"立案の質"を重視する

成果（アウトカム）実現への"評価に活かせる立案"

　　　複雑な公的問題[6]に対して激しく環境が変化する中で成果（アウトカム）を実現するには立案だけでは限界があります。着実に成果（アウトカム）を実現するためには、立案した政策の実施内容を適切に評価し、そこから政策を改良して成果（アウトカム）へ前進するPDCサイクル[7]を有効に展開することが効果的です。政策を改良できる評価を行うためには、それが可能となる立案内容にしておくことが必須です。

　　　本書では、こうした成果（アウトカム）実現へのPDCサイクルを効果的に展開するための立案内容に仕上げ、政策を改良する評価を行うためのツールとして「アウトカム・パス」の活用を提案しています。ツール提案の目的は"仮の答え"である立案された政策の質を高めるとともに、実施中の評価（仮の答えの検証）においても、その質を高め、より良い政策に改良するためです。

立案で重視する"問題の設定と問題の分析"

　　　本書では政策形成の核となる立案の重要性を確認し、具体的な手順・手法を説明しています。その中でも特に、"問題の設定"と"問題の分析"部分を重視しています。その理由は、政策形成での深刻な課題が、「手段ありき」の立案となっているからです。問題を具体的に描き、問題を分析することが現場で行われていないまま、立案されているのです。いわゆる"経験や直感に基づく政策立案"です。

　こうした政策立案になってしまうのは、地域や組織には、'問題を適切に設定したり'、'問題を分析する人材'が限られていることが挙げられます。この背景には、今まで、地域独自の政策立案をする機会がなかったことなどがありますが、今後は、地域が主体となって地域独自の政策形成を進める上で、地域の問題を的確に設定し、それに関する適切な分析を行ない、そこから得た情報に基づく政策立案を進めることができる人材が求められます。

適切な意思決定に向けて重視する３つ

　本書は、地域の問題解決の手段である政策形成に関する意思決定をより適切な内容にするための方法を提案しています。特に重視しているのは次の３つです。

　まず、「目的に適した手順」です。立案の手順だけではなく、評価も手順に沿うことで適切な意思決定につながります。なお、手順通りに進めれば良いわけではなく、手順ごとの成果物の質を高めることが大切です。

　そこで２つ目に重視しているのが「質を高める視点」です。政策形成の核である政策立案での視点は、'問題の重大性'や'対策の実効性（効果性・実現性）'です。そして、３つ目は、「質の高い根拠」に基づく意思決定です。

　これら重視している３つを活かした意思決定を通じた政策形成は、目的に適した内容に仕上がるとともに、その第三者への説明にも効果的です。

◆本書の概要

本書の構成

　　本書は 4 編構成です。【基礎知識編】では、地域において、政策形成人材の必要性と求められる能力を確認した上で、実務者にとって必要な政策形成の基礎知識を整理しています。

　　次に【課題と解決の指針編】で、現状の政策形成上の課題を整理し、課題克服に向けた指針を提案しています。【実践編：政策立案の「めざす姿」と「具体的な手順」】では、課題克服のための指針を実践する具体的な方法を解説しています。そして、実務者が立案段階で立案の質を低下させてしまう落とし穴を避けて、実効性ある政策立案の手順と手法を提案しています。

　　【提案編：アウトカム重視の政策立案と評価へ】では、複雑な公的問題について着実に成果（アウトカム）を実現するために "仮の答" である立案の質を高めるとともに、実施中の評価を適切に行い、成果（アウトカム）実現へ前進する政策の改良につなげるための手法・ツール（アウトカム・パス）の活用方法を提案しています。

　　最後の【手法編：政策形成で押さえておきたい視点・手法】は、成果（アウトカム）実現へ向けて、実務者が実践での活用が求められる視点や手法を説明しています。最近、政策形成において注目されている EBPM、データ分析の他、事業戦略・マーケティング手法、ベンチマーキング手法などです。例えば、EBPM については、なぜ、立案に根拠が必要かなどを含めて、手法の活用によるメリットや、活用での留意点を解説しています。

実践に向けた工夫

　　実務者が本書の内容を実務に活かすために、次の４つを組み込んでいます。①知識や手法の活用を自ら考え、実務に活かすための《ミニ演習》を設定しています。②重要な項目の実務での活かし方を《実務で活かすポイント》で解説しています。また、③実務者として必要な知識・手法については《コラム》で補足説明をしています。そして、④２つの《ケーススタディ》は、実際の事例を読みながら疑似体験を通じて自ら考え、意思決定をする機会となっています。また、事例から学びたいこと、実務に活かすべきことを解説しています。

　　最後に、地域の問題解決に関わる現場の政策担当者が政策形成プロセスにおいて、本書を活用しながら、主体的に考え、行動し、成果を重ねることを期待します。

　　＊本書は、政策形成の経験が少ない実務者が、実践において必要な政策形成の知識と実務に活用できる立案や評価の基本的な進め方・手法に絞り込んでいます。その中でもさらに深めていただきたい項目について、拙著『自治体政策形成マネジメント入門』の該当ページを脚注で表記しています。

〈注〉
1『自治体の政策形成マネジメント入門』P194
2 本書での政策形成とは政策立案から執行、評価・改善の一連のプロセスを指す。
3 corporate social responsibility（企業の社会的責任）
4 Sustainable Development Goals（持続可能な開発目標）
5 根拠に基づく政策形成（政策立案と表現している文献もある）。
6 宮川（1994）、『自体体の政策形成マネジメント入門』P168
7『自体体の政策形成マネジメント入門』P170

【基礎知識編】

Ⅰ．地域経営と政策形成

　めざす地域・街の姿を実現するために、地域特性を活かして独自の政策を創り、実施を通じて成果を生み出すという政策形成を効果的・効率的に展開していける人材を育成することは、地域経営の重要な課題です。

　今後、地域経営に求められる協働による政策形成プロセスの舵取りを担う政策形成人材の役割、能力とその育成について整理します。

1．地域経営における政策形成

（1）地方分権化と政策形成

　　　　地方分権改革[8]により基礎自治体がその地域特性を活かし、独自の地域・街づくりを主体的に行うための環境が整備されました。この改革のねらいを実現するためには、従来の縦型統制の中で通達・通知により全国画一的に実行する政策展開や前例を踏襲する政策執行ではなく、地域特性に合わせた独自の政策を創り、実施を通じて成果を生み出す政策形成が求められます。

（2）新しい公共[9]と政策形成

　　　　「新しい公共」という発想が生まれ、その新しい公共の領域において、行政と住民、民間団体との連携による公的サービス提供が期待されています。新しい公共は、「新しい公共領域」と「新たな公的サービスの担い手」の出現において、公的サービス提供に住民や民間団体が単に加わることではなく、地方分権化がめざす地方自治のあり方、市民的公共性を前提にした地域経営における協働と考えることが大切です。

　　　　「新しい公共」とは地域ごとに自分たちがめざす地域・街づくりのために多様な地域主体が集まり、開かれた熟議[10]を重ねて、創り上げ、運用していく"創り上げる公共"です。そこでの協働は、単に公的サービス供給をより効果的、効率的に行うだけではなく、市民的公共性をもとに、めざす地域・街のビジョンづくりと、その実現のための手段として立案された政策に基づく執行部分としての公的サービス供給、さらに事後評価を経た一連の政策形成プ

ロセスが対象となります。

（３）地域の問題解決における協働 [11]

　　地域で暮らす多彩な生活者の安心・安全を維持するために、解決しなければならない多種多様な問題や生活者のニーズが存在していることが認識されています。その中でも専門性や個別対応が求められる公的問題やニーズに対して、公的機関として公平性・平等性や手続きを重視する行政の対応において、個別に、柔軟で迅速なサービス提供についての限界が指摘されています。

　　一方、地域問題解決に意欲のある市民が組織化した多種多様な市民活動団体、非営利組織（NPO[12]）が存在し、活動しはじめていますが、質的・量的なサービス提供能力に課題を持つ団体が多いことが指摘されています。

　　このように現状、解決が求められている地域の問題に対して、単独では限界がある分野において、異なる団体間の相乗効果により、多様化・複雑化する地域問題を効果的・効率的に解決できるアプローチとして「協働」が期待されています。

２．求められる政策形成人材

（１）政策形成人材の姿

　　　　１．で説明した地域経営に対応する政策形成に求められる人材は、①地域問題の解決に向け、②多彩なステークホルダー（利害関係者）との協働において、③問題設定、政策立案、実施、評価という問題解決プロセスを、④成果（アウトカム[13]）実現へ効果的・効率的にマネジメントする人材です。

> 図表Ⅰ-1　政策形成人材とは
>
> ①地域問題の解決に向け、
> ②多彩なステークホルダーとの協働において、
> ③問題設定、対策立案、実施、評価という問題解決プロセスを、
> ④成果（アウトカム）実現へ効果的・効率的にマネジメントする人材

（２）期待される「協働の問題解決プロセス」をマネジメントする役割

　　　　上記①から④を担う政策形成人材に期待される役割は、多彩なステークホルダーとの協働による問題設定、対策立案、実施、評価という問題解決プロセスを効果的、効率的に進めることです。つまり“協働による政策形成プロセスをマネジメント（舵とり）しながら成果（アウトカム）を生み出す役割です。手段ありきの発想で、それぞれの利害を重視する傾向のあるステークホルダーに影響されることなく、本来の目的が実現できるように協働による政策形成プロセスをマネジメントする役割です。

　　　　マネジメントとは、手続きを重視した立案や執行ではなく、環境変化・状況に対応しながら多彩なステークホルダーをまとめ上げながら成果（アウトカム）を実現するための活動です。

（3）政策形成人材の活動を支える６つのスキル

　　　政策形成人材は、従来の政策形成で指摘されている固定観念、前例踏襲的発想や過度に経験や直感に依存することなく、地域の問題を解決できる政策を創り出し、実施を通じて成果を生み出すための基本的な問題解決能力が必須ですが、その問題解決を協働で行うプロセスをマネジメントできる能力も求められています。こうした地域問題を協働により解決するプロセスをマネジメントするためには以下の具体的なスキルが求められます。

　　　協働による政策形成プロセスを“より効果的（質が高く）・効率的（短い時間）”で進めるためのスキルとして、①アウトカム重視で問題解決を進めることができること（アウトカム重視の問題解決力[14]）に加え、②ものごとを筋道立てて考えることや表現できること（論理的思考[15]）、③問題について客観的なデータ・情報を収集し、分析できること（リサーチリテラシー[16]）、④自分の考えを第三者に伝わる説明ができ、共感を得られること（プレゼンテーションスキル[17]）、⑤情報共有や合意形成に向けて多様な意見を交通整理できること（ファシリテーションスキル[18]）、⑥プロジェクトを効果的・効率的に展開すること（プロジェクトマネジメントスキル[19]：スケジュールマネジメント、チームビルディング、ステークホルダーマネジメントなどを含む）などが挙げられます。

図表Ⅰ-2　政策形成人材の活動を支える６つのスキル

①アウトカム重視で問題解決を進めることができること(アウトカム重視の問題解決力)
②ものごとを筋道立てて考えることや表現できること(論理的思考)
③問題について客観的なデータ・情報を収集し、分析できること(リサーチリテラシー)
④自分の考えを第三者に伝わる説明ができ、共感を得られること(プレゼンテーションスキル)
⑤情報共有や合意形成に向けて多様な意見を交通整理できること(ファシリテーションスキル)
⑥プロジェクトを効果的・効率的に展開できること(プロジェクトマネジメントスキル)

３．政策形成人材を育成する

（１）人材育成の必要性

　　地方分権化により地域が主体となり独自の政策形成が可能とな
りました。しかし、今までそれぞれの自治体が地域の特性を活か
した地域・街づくりを独自の創意工夫で行うという機会は多くは
ありませんでした。

　　地方分権化は、政策別の部門・担当者の意欲と能力が「地域間
格差」を生じさせかねないと指摘されています。どの組織にも少
なからず、アウトカム重視による活動で成果を生み出してきた人
材がいます。ただし、特定の職員に限られていることから全ての
職員がアウトカム重視の政策形成人材として活動できる能力強化
が求められます。

（２）現場の状況に適した対応ができる能力開発

　　地域経営を取り巻く環境が激しく変化する中で、成果（アウト
カム）を実現するには、「過去の経験、権威者の意見、先行事例
などに過度に依存する取り組み」や「言われた通りに行う受身的
な姿勢」では限界があります。

　　このような"すぐに手段を求める姿勢"や"前例踏襲的な発想"
などの取り組みではなく、計画段階では、手段先行を避け、目標
実現に向けて解決すべき問題を設定し、その解決のために内外の
環境、直面する状況に適した独自の対策を策定すること。そして、
実施では、計画に固執することなく進捗状況を的確に把握・評価
し、目標に向け、必要に応じた起動修正をすることが成果（アウ

トカム）実現に効果的・効率的です。

　現場での目標実現プロセスは直線的に進むことはなく、プロセ
ス上で遅延、停滞、手戻り、停止などにつながる目標実現を阻む
多様な問題に直面します。その問題を適切に対処しながら目標へ
のプロセスを舵取ること、つまり"プロセスをマネジメントする"
ことが求められます。このように手段から始めるのではなく、基
本プロセスに沿いながら生じた問題に適切に対処できる人材の育
成が必要な地域・組織は少なくありません。

実務で活かすポイント
実践で活かせる能力開発アプローチ

　2-（3）で挙げた政策形成活動を支える６つのスキル（図表Ⅰ-2）
は、地政策形成人材として、成果実現へ協働による政策形成プロセスを
適切にマネジメントするために必要なスキルです。これらのスキルは講
義や他の成功事例を学ぶだけでは実務での発揮は困難です。実践を通じ
た習得が担当政策領域での実務での応用に有効です。

　実践を通じたスキル開発について、⑥プロジェクトマネジメントスキ
ルを例として説明します。不確実性の高い特性を持つプロジェクトでは、
スケジュール作成と進捗管理は成果（アウトカム）に大きく影響します。

　プロジェクトメンバーは、スケジュール管理の目的やスケジュール表
の作成方法について、講義を通じて理解します。しかし、実際のプロジェ
クトがはじまるとスケジュール作成を軽視してしまう傾向があります。
これは自信過剰や楽観的思考が影響していると言われています。

　プロジェクトの後半、特に納期間際になると"時間管理"の必要性に
直面します。納期遅延リスクへの直面によるスケジュールマネジメント
の必要性を自覚することで、講義で学んだスケジュール表の作成方法や
ツールが活用できることに気づきます。そして、その活用によりチーム

内コミュニケーションの密度が高まり、具体的な役割分担や納期が明確化されます。そして、その進捗管理を行うことにより時間が有効に活用されはじめます。

こうした体験により「スケジュール表は、なぜ、必要か」、「どのようなスケジュール内容にすれば効果的なのか」、「どう活用すれば納期に間に合うのか」を習得していきます。

実体験は他のスキルの開発・強化にも有効であり、実践での応用につながります。ただし、「体験」は、やりっぱなしではなく、体験したことを振り返り、効果があったことや課題を整理し、次の体験がより良くなるような機会も含めることが必要です。

《政策形成人材とスキル》

（1）地域で求められる「政策形成人材」の要件を書き出してみましょう。
（2）洗い出した要件に必要なスキルについて、2-(3) を参考に具体的に書き出してみましょう。
（3）（2）の内容と現状を比較して、不十分なこと、強化すべきことを書き出してみましょう。

〈注〉
8『自治体の政策形成マネジメント入門』P226
9『自治体の政策形成マネジメント入門』P264
10『自治体の政策形成マネジメント入門』P269
11『自治体の政策形成マネジメント入門』P231
12『自治体の政策形成マネジメント入門』P239
13『自治体の政策形成マネジメント入門』P194
14『自治体の政策形成マネジメント入門』P76
15『自治体の政策形成マネジメント入門』P80、174
16『自治体の政策形成マネジメント入門』P86
17『自治体の政策形成マネジメント入門』P140
18『自治体の政策形成マネジメント入門』P148
19『自治体の政策形成マネジメント入門』P186

Ⅱ．政策形成の基礎知識

　政策は手段です。その手段である政策を通じて地域の問題を解決する政策形成プロセスについての基本的な考え方、進め方を確認した上で、現状の政策形成上の課題を立案と評価に焦点を当てて整理します。

1．政策とは

（1）政策の定義

1）政策の特徴

　政策についての定義には様々なものがありますが、それらの定義から整理できる公的な政策の主な特徴[20]は、①公共の問題を対象としていること。②解決の手段であること。③手段は指針と具体的活動で構成されていることの3点です。

　　①公共の問題を対象としていることとは、一般的に問題とは「目標として掲げた水準に対し、現状の姿、現在の水準がそれより低い位置にあり、その目標と現状との間にギャップが存在（している状態）[21]」です。公共の問題とは望ましい社会の姿と現状との間にギャップ（乖離）が生じていることです。

　　②解決の手段であることとは、政策は公共の問題を解決するという目的の手段です。③手段は指針と具体的活動で構成されていることとは、政策は課題解決の手段として、解決の方向性だけではなく、具体的な手段も含まれます。政策 (policy)—施策 (program)—事務事業 (project) という多層的な構造で表されます。

《参考：主な政策の定義》

(a) 一定の目的を実現するための行為や活動の指針を体系的に組み合わせたものが政策であり、目的と手段が有機的に結合されているもの（阿部1998）

(b) 公共政策とは個人や企業では解決できない公共問題に対し、政府のとる問題解決活動の案であり、案は抽象的なレベル（政策）から具体的なレベル（施策から事業）に区分できる（佐々木2013）

(c) 自治体の取り組みによって解決すべき問題は何か、自治体が解決（達成）しなければならない課題は何かを明確に示すことによって、具体的な行動プランである事業の方向性や狙いを表明したもの（真山2001）

(d) 目標を設定し、その目標を達成するための手段を明らかにし、それを計画的に実施すること（武藤2000）

(e) 政策は将来の行政活動について、どのような活動をいついかなる場合に行うべきかのシナリオを定めた一種のプログラムである（森田2000）。

2）政策は業務まで含む

　政策は、大きな方向性としての政策、その政策を具体化した施策、それぞれの施策を具体化した事務事業[22]として描かれているように、政策は方向性だけではなく、個別の事務事業までの全体像（1つの方向性に対して、複数の具体的手段が構成されている）として理解することが重要です。なお、実務においては、業務も加えて政策―施策―事務事業―業務までを含むことで、個々の業務の位置づけを明確にします。担当者は、行っている業務が最終的に政策目的である地域の問題解決の実現につながることを自覚しながら業務を遂行する必要があります。

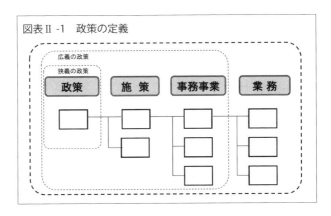

図表Ⅱ-1　政策の定義

3）政策の構造

　めざす地域・街の姿を実現するための手段である政策は、政策
―施策―事務事業―業務の構造で表されますが、それはめざす地
域・街の姿を実現する道筋を描いていることになります。道筋と
して描かれるためには、階層間の関係は、「目的と手段」の関係
で連鎖していることが求められます。

　政策の目的を達成するために必要な手段が、いくつかの施策で
あり、個別の施策の目的を達成するために必要な手段が、いくつ
かの事業という目的と手段の関係です。同様に個々の事業目的を
達成するために必要な業務群が構成されている構造です。

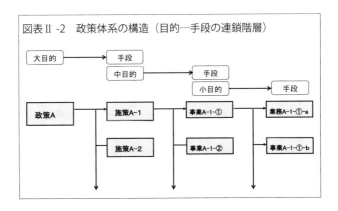

図表Ⅱ-2　政策体系の構造（目的―手段の連鎖階層）

実務で活かすポイント
「目的―手段」と「漏れと重複がない」ことの重要性

　めざす地域・街の姿を実現する政策構造には、「目的―手段の関係性」とともに「漏れと重複がない」政策構造にしておく必要があります。「漏れと重複がない」とは、上位目的を達成するために必要な手段は全て揃っており、かつ、それらの間に重複はないという意味です。

　実務においては特に目的―手段の関係による政策構造が大切です。例えば、目的―手段の関係で構築されていない政策構造に記載されている事業は、その目的が不明確であり、場合によっては上位目的に不要な事業である可能性があるからです。

　図表Ⅱ-3は、目的―手段の関係で描いた体系の例です。内容は「がん対策基本計画（第1次）[23]」や「国立がん研究センター情報サービス」のホームページなどからの情報に基づいています。

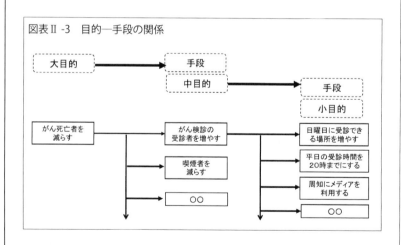

図表Ⅱ-3　目的―手段の関係

　まず、中長期的に実現したいこととして、「がん死亡者を減らす」（大目的）があり、その実現のための手段群として、「がん検診の受診者を

増やす」や「喫煙者を減らす」などが中目的として挙げられます。手段
群の中でがん検診に焦点を当てると「がん検診の受診者を増やす」（中
目的）のための手段として、「日曜日に受診できる場所を増やす」、「平
日の受診時間を 20 時までにする」、「周知にメディアを利用する」等の
手段群（小目的）で構成されています。

　このように表現することで、例えば、①手段としての「がん検診」の
直接の目的が明確になるとともに、②その目的を達成するためには、多
くの人に受診してもらうことが必要であることが示されます。そして、
③多くの人に受診してもらうためには、どのような取り組みが必要なの
かの発想を拡げ、'手段ありき'を避けることにもなります。

　これら3点に気づくことは、「がん検診」を実施することではなく、
目的的に「がん検診」に取り組むことになり、従来の業務継続ではなく、
業務の見直しを促進します。

　こうして目的—手段の関係にある政策構造からは、一人ひとりの担当
者が担っている業務も政策であり、地域の問題解決の実現につながって
いることが明らかになります。そして“手段ありき、受身的な姿勢”か
ら目的意識を持ち、事業・業務の見直しを促進することになります。

　ただし、同じ自治体内であっても政策領域によっては目的—手段でつ
ながっていない政策体系もあります。担当の政策領域の政策体系が目
的—手段の関係性でつながっているかを確認し、つながっていない事業
や業務は、その目的の明確化が必要です。なぜなら、政策につながらな
い、または目的がない事業や業務が行われている可能性があるからです。

3）政策体系には目標を組み込む

　問題が解決された状態（アウトカム）をめざした手段群（政策、施策、事務事業、業務）を目的―手段の関係で階層化し、階層ごとに目標を設定した政策の全体構造が政策体系であり、それを可視化したものが「政策体系表」と呼ばれています。

　「政策体系表」は到達点である目標を組み込み、目標―手段の関係で表記されているものです。図表Ⅱ-4は「がん検診」に焦点を当てた目的―手段の体系に目標を設定した事例です。

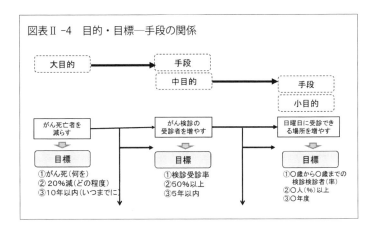

4）「政策体系表」の活用

　政策体系の構造（政策―施策―事務事業―業務）が目的―手段でつながり、かつ各階層が漏れなく重複のない構造であり、各項目に目標が設定されている「政策体系表」は、目標実現へのステークホルダーとのコミュニケーションツールになります。

　コミュニケーションツールとしての「政策体系表」は、①めざす姿（目標）とそのための手段群の全体構造の理解と共有に活用できます。②事業・分担に活用できます。最終目標への道筋が共

有でき、重複がないことから業務を分担する際（民間団体への委託、連携を含む）にバラバラな活動を回避できます。また、③目標に向けて計画的な取り組みを可能にするとともに、実施結果を対目標に対して評価するなどマネジメントするツールとしても活用できます。このように「政策体系表」は、今後の協働型地域経営におけるコミュニケーション、かつマネジメントツールとして活用できます。

実務で活かすポイント
目的—手段の連鎖をきめ細かく描き上げる

　政策構造である目的と手段の連鎖関係を、きめ細かく整理し、見える化しておくことで、成果（アウトカム）到達への道筋がより明らかになります。明らかになることで目的に適した手段の選択が適切に行われるとともに、類似事業の重複などを防ぐことができます。

　図表Ⅱ-5は、第3次（最新）の「がん対策基本計画」と「国立がん研究センターがん情報サービス」の情報をベースに、図表Ⅱ-3の例をよりきめ細かく描いた内容です。

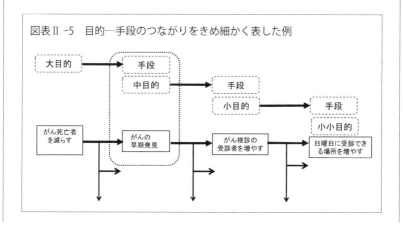

図表Ⅱ-5　目的—手段のつながりをきめ細かく表した例

　図表Ⅱ-5のように描くことで、がん検診の直接目的である「がんの早期発見（2次予防)」が明確になります。これを加えることで、「がん死亡者を減らす」（大目的）と「がん検診の受診者を増やす)」の'つながり'が分かりやすくなり、手段である「がん検診」のアウトカム（成果）との関係性が明確になります。

　このように目的－手段の連鎖を重視するように描くことで、手段としてのがん検診が何のためなのか、それがどう成果（アウトカム）につながるのかが明確になります。別の言い方をすれば、なぜ、がん検診が「がんの死亡者を減らすことになるのか」が明確になります。因みに喫煙者を減らすことは1次予防とされています。

　「がんの早期発見」の目標指標としては「がん発見率[24]」が挙げられています。これは「プロセス指標」の1つとして位置づけられています。プロセス指標としては他に、「がん検診受診率、要精検率、精検受診率、陽性反応適中度」が挙げられています。なお、「がん死亡率」は「アウトカム指標」とされています。

　実務において、政策体系表を作成する場合、描くことを重視し、つながりを飛ばしてしまう場合があります。それを避けて、より目的－手段がきめ細かくつながるように仕上げることが求められます。目的－手段の関係が曖昧な政策体系表は、コミュニケーションやマネジメントツールとしての活用できないからです。

（2）政策の目的は成果（アウトカム）の実現

　　政策形成という問題解決活動で重要なことは政策を実施（事業を執行することやサービスを提供）することではなく、問題が解決されることです。アウトカムとは問題が解決された状態です。しかし、政策を実施することで満足してしまっている組織や担当者の存在が指摘されています。

　　一般に政策に関連する投入資源（インプット）、過程（プロセス）、活動結果（アウトプット）と成果（アウトカム）の関係は図表Ⅱ－6のように描かれます。また、アウトカムは複数の段階（直接、中間、最終など）に区分される場合があります。

図表Ⅱ-6　政策のアウトカム・アウトプット・プロセス・インプット

| 活動資源
（インプット） | ← | 過程
（プロセス） | ← | 活動結果
（アウトプット） | ← | 成果
（アウトカム） |

　　なお、図表Ⅱ-6において各項目をつなぐ矢印が右から左への方向になっているのは、目的（アウトカム実現）のための手段としてアウトプット、プロセスを表しています。

（3）政策形成に関わる目標

　1）主な目標

　　政策の目標は、インプット、アウトプット、アウトカムそれぞれに設定します。例えば、道路整備事業を例にした説明[25]では、インプット指標（投入指標）とは行政活動を実施するために利用（投入）した行政資源の分量を計測するための指標（予算額、事業費、従事した人員数、総労働時間等）です。アウトプット指標

とは投入した行政資源を利用して実施した行政活動の分量を計測するための指標（道路の整備延長など）です。

　アウトカム指標とは、行政活動を実施したことにより実現した成果の分量、または質を測定するための指標です。行政機関の外部の対象（住民、受益者、経済・社会の状況等）に与える影響や変化のことで、道路整備事業であれば、渋滞率の緩和が挙げられています。

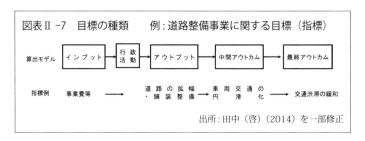

図表Ⅱ-7　目標の種類　　例：道路整備事業に関する目標（指標）

出所：田中（啓）（2014）を一部修正

2）アウトカムの段階別目標

　アウトカム目標は、段階別に区分した場合はそれぞれに設定します。例えば、失業者に対する就業促進プログラムを例にした説明[26]では、プログラム実施により（ア）直接アウトカムは、「失業者が特別の職業能力を取得すること」、（イ）中間アウトカムは、「（ア）によって失業者が就職すること」、そして（ウ）最終アウトカムは、「その職に定着すること」に区分されています。それぞれの成果を確認する指標の例として、（ア）再訓練にかかる職業能力認定取得率、（イ）就職率、（ウ）雇用継続率が挙げられています。

3）指標の形式

　目標を表す指標の形式として次の5つがあります[27]。（a）実数：ある事象の分量を集計した実測値（待機児童数（人））。（b）

変化率：ある事業の総数等の増減の度合い（待機児童数の増減率
（％））。（ c ）構成比：ある事象の一部が全体に占める大きさの度
合い（全児童に占める待機児童の割合（％）、失業率（％））。（ d ）
対立比率（単位当たりの数）：総数を人口等で除した数値（ 1 人
当りごみ排出量（kg））。（e）指数：基準時点を 100 とした場合
のある時点の分量の大きさ（地域内のゴミ排出量、鉱工業生産指
数、物価指数）です。

（4）対策面からの政策分類

　　手段である政策は「目的面[28]」や「行政機能面[29]」から整理さ
れています。「目的面」では大きく（ a ）権力的禁止（政府が公
権力を背景として個人や団体の一定の行動を禁止すること（一定
の要件を満たさない麻薬や銃剣類の取引禁止、あるいは政府によ
る特定物質の専売など）、（ b ）公共財や準公共財の政府による直
接供給（政府が公共財ないし準公共財をサービスとして直接提供
すること（道路、港湾、学校、上下水道、年金などの提供）、（ c ）
誘導（一定の望ましい方向に個人や集団を誘導するための行動：
規制、補助、融資、租税特別措置など）に区分されます。
　　一方、「行政機能面」では、（ a ）民間活動を規制する（市場の
失敗）、（ b ）民間活動を助成する（経済の活性化等）、（ c ）民間
活動の不足を補う（福祉等）、（ d ）民間活動によっては解決でき
ない、あるいは民間が行ってはならない領域について直接的な
サービスの供給を行うなどの区分がされています。

《コラム》

注目されている「ナッジ」

　最近、公共政策の手段として「ナッジ」が注目されています。ナッジは「行動経済学的な手段を用いて、選択の自由を確保しつつ、金銭的なインセンティブを用いないで人の行動を良い方法に導く手法[30]」と説明されています。公共政策でのナッジは「法律を遵守するように、命令や禁止を補う[31]」活用がされています。

　ナッジは人の意思決定に関する様々な思考傾向（バイアス）を利用し、よりよい選択ができるように手助けをする手法であり、公共政策での活用が期待されています。例えば、英国などでは、ナッジを使うことで、追加コストがほとんどなく、税金の徴収率向上に成果を挙げたとの報告があります。

　ナッジは人に行動変容を起こさせる手法ですから、その活用には対象となる「人」を具体化して、その特性に適したナッジを活用することが効果的です。よって、対象者をセグメント（細分化）して、グループごとの特性を明確化しておくことも大切です。例えば、周知をする場合、対象者の特性（ニーズ、関心、行動様式）などは重要です。☞Ⅹ章－４（事業戦略・マーケティング手法）

《政策体系の作成と目標設定》

（1）自治体の実施計画には政策体系（政策—施策—事務事業）が記載
　　されています。担当政策領域の政策体系が目的—手段の連鎖になっ
　　ているか、確認してみましょう。もし、目的—手段が不明瞭であれ
　　ば、見直しましょう。また、そもそも政策体系がない場合は、まず、
　　目的—手段が連鎖する政策体系を作成してみましょう。
（2）担当している事業がめざすアウトカムとアウトプットの目標（①
　　何を（指標）、②どのレベルに（水準値）、③いつまでに（期限））を
　　書き出してみましょう。

2．政策形成

（1）政策形成とは

　　　政策形成とは"地域の問題を明らかにし、その対策を策定し、実施を通じて問題を解決すること"です。つまり、政策形成とは、政策を創る（立案）だけではなく、政策の実施や評価という一連のプロセスを通じて目的である地域の問題を解決することまで含みます。

　　　また、政策形成は、"新しい問題"に対する対策（政策）づくりだけではありません。既に地域の問題解決に取り組んでいる既存の政策に対する評価結果から政策を見直す場合も政策形成に含まれます。例えば、既存の目標達成度が不十分な場合、目標達成度を高めるために、既存の政策を見直すことや、既存の政策を補完する政策を創ることになりますが、その際、効果のない既存の政策は廃止しなければなりません。

（2）政策形成の基本プロセス

　　　政策形成の基本プロセスは、①計画（立案）（Plan:P）、②実施（Do:D）、③評価（Check:C）です。①計画（立案）は、問題解決に効果的、実現可能な政策を立案します。②実施中はその進捗状況を確認し、必要に応じて活動内容の修正を行います。そして、活動結果を③評価し、次の活動に活かしていくというプロセスで展開します。政策形成は、①から③のプロセスをきめ細かく繰り返し（サイクル）ながら展開していきます。

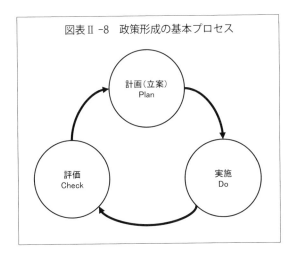

図表Ⅱ-8　政策形成の基本プロセス

計画（立案）
Plan

実施
Do

評価
Check

政策形成の基本プロセス（PDC）の３段階をより具体的に５段階[32]や８段階[33]に分けて循環するモデルがあります。５段階は①政策課題の設定、②政策案の作成、③政策決定、④政策実施、⑤政策評価の５つに区分しています。

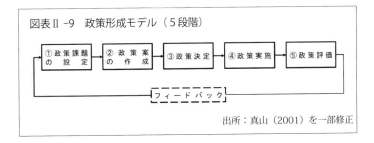

図表Ⅱ-9　政策形成モデル（５段階）

①政策課題の設定　②政策案の作成　③政策決定　④政策実施　⑤政策評価

フィードバック

出所：真山（2001）を一部修正

　一方、８段階では、①問題の発見、②公共的問題の選択、③問題解決の手法の追及、④組織内調整、⑤決定＝合意形成の社会過程、⑥執行、⑦評価、⑧フィードバックの８つに分けています。ともに政策形成の基本プロセス（PDC）を踏みながらも、循環（サイクル）で示していることは同じです。

図表Ⅱ-10　政策形成モデル（8段階）

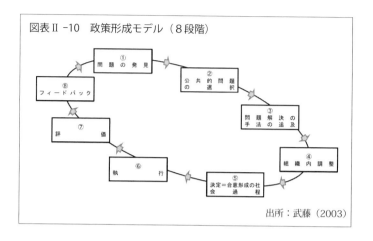

①　問　題　の　発　見
②　公　共　的　問　題　の　選　択
③　問題解決の手法の追及
④　組織内調整
⑤　決定＝合意形成の社会過程
⑥　執　　　行
⑦　評　　　価
⑧　フィードバック

出所：武藤（2003）

《コラム》
公的問題の特性と「アウトカム重視」のPDCサイクル

　公的問題の“複雑さ”については「悪構造（ill-structured）」[34] として整理されています。政策形成の実践においては、公的問題の特徴である

図表Ⅱ-11　政策問題の悪構造性

問題の要素	問題の構造		
	良 ←――――――――――→ 悪		
	良構造	半構造	悪構造
意思決定者	1人、少数 ←――――――――――→ 多数		
代替案	少数、限定的（クローズド）←――――→ 多数、無限定的（オープン）		
	明確 ←――――――――――→ 不明確		
目標、価値	明確、単一 ←――――――――→ 不明確、複数		
	コンセンサスあり ←――――――→ コンフリクト		
結果	確実 ←――――――――――→ 不確実		
確率	計算可能 ←――――――――→ 計算不可能		
	既知 ←――――――――――→ 未知		
問題解決の焦点プロセス	解の導出 ←――――――――→ 問題の構造化		
	直線的、一回限り ←――――→ 模索的、反復試行的		
選択基準	最適化 ←――――――――――→ 満足化		

出所：宮川（1994）

44

"複雑さ"を理解することが大切です。複雑な公的問題の中には、解決が困難で、中長期に渡る場合があり、その間の環境変化の影響を受ける可能性があります。

　こうした複雑な特性を持つ公的問題の解決には、アウトカム重視で立案し、アウトカム視点で評価を行い、その結果から得た情報を活かし政策内容を改良し、次の計画（立案）へつなげるというアウトカムを重視した適切な PDC サイクルの展開が有効です。

《問題の特性》

（1）担当事業が解決したい地域の問題について、図表Ⅱ—11 の中の問題特性の視点を使い、問題の特性を書き出してみましょう。

（2）（1）で整理した問題の特性についての対応方法を書き出してみましょう。

3．政策立案

　政策形成プロセスを5段階に分けた政策形成モデル（図表Ⅱ－9）での ①から③までの立案については次のように細分化しています。 ①政策課題の設定の段階を ①-1：社会に存在する様々な問題を認識し、①-2：その問題の原因等を分析し、①-3：その問題に対して自治体として対応するか否かを決定するという3つの過程です。 ②政策案の作成段階は、②-1：政策案をいくつか作成し、②-2：いくつかの案の中でどれが最も有効か、能率的かなどを分析したうえで、②-3：1つの政策案を選択します。そして、③政策決定段階では、③-1：正式な決定手続きを開始し、審議され、③-2：必要に応じた修正を経て、正式決定される流れとしています。

　8段階モデル（図表Ⅱ－10）での立案は、①から ⑤の部分です。「 ①問題の発見」は市民社会が抱えるあらゆる問題を発見することから始まり、「②公共的問題の選択」は市民社会にとって解決することが求められている問題が把握できたとして、その解決にとって政府セクターの介入が不可欠か否かを検討すること。「 ③問題解決の手法の追及」は問題が認知された次は最も効果的・効率的に問題を解決する手法、情報の収集・分析、解決手法を検討し、組み立てること。「 ④組織内調整」は政策実施のための法的根拠、財源などの調達について組織内で調整・折衝を行うこと。「 ⑤決定＝合意形成の社会過程」は議会の承認を経て正式な決定をすることですが、必要に応じて住民の決定過程への参加も含まれます。

《政策立案の内容》

（1）担当している事業について、立案段階における5段階の①から②、
　　　8段階の①から③の項目についてどのような内容であったかを具
　　　体的に書き出してみましょう。
（2）（1）で書き出した中で、立案段階で不十分だったこと（例：問題
　　　についての分析ができていない）を書き出してみましょう。

４．政策評価

（１）評価の定義と目的

　　　政策形成における評価とは「明確、または明確でない基準により プログラムや政策の実施状況や成果（アウトカム）を体系的に査定（アセスメント）し、プログラムや政策の改善に貢献する手段である」[35] と定義されています。この定義からは、（ア）評価目的はプログラムや政策の改善、つまり手段の改善であり、（イ）評価対象は、プログラムや政策の実施状況と成果であり、（ウ）評価基準を使い、（エ）体系的に査定（アセスメント）するという要素に分けられます。

　　　評価の基本目的は、(a) 評価結果をもとに既存プログラムをより効果的に改善することと、(b) 説明責任（アカウンタビリティ）を遂行するため[36] があります。前者の改善のための評価を「形成的（formative）評価」、説明責任遂行を目的とした評価を「総括的（summative）評価」とされています。

　　　また、「プロセス評価」と呼ばれるものは、基本的に実施後に意図した通りのサービス提供、または、活動ができているかを評価することで、目標との差異が生じていれば改善することに焦点を当てています。

（２）評価の基準

　　　代表的な評価基準として ①経済性 (economy)、②効率性 (efficiency)、③有効性 (effectiveness)[37] があります。他に ④合法性（legality)、⑤公正性 (equity)、⑥必要性 (necessity)、⑦緊急性

(urgency) などが挙げられてい
ます。

　①経済性は資源調達をより
少ない費用で行っているか、
②効率性は投入した資源に対
して得られた結果の大きさ、
③有効性は行政活動の目的達
成の度合い、④合法性は法令

図表Ⅱ-12　評価基準の例

　①経済性(economy)
　②効率性(efficiency)
　③有効性(effectiveness)
　④合法性(legality)
　⑤公正性(equity)
　⑥必要性(necessity)
　⑦緊急性(urgency)

等に従った処理となっているか ⑤公正性は公平さ、⑥必要性は
住民ニーズの大きさの度合い、⑦緊急性は対応が急がれる度合を
評価します。

（3）評価の時期とその目的

　評価を行う時期は、一般的に政策の ①実施前（事前評価）、②
実施途中（中間評価）、③実施後（事後評価）に区分されます。
それぞれの基本的な目的は、①事前評価では実施する政策を選択
するためです。 ②中間評価は実施中の進捗確認をすることを通
じて、政策を見直すためです。そして、③事後評価は政策完了時
の成果目標達成度の確認を行い、その結果をもたらした背景の整
理を通じて今後の政策形成に活かすために行います。

《政策の評価基準》

図表Ⅱ-12 で列挙されている基準を使って、担当事業について評価し
てみましょう。

【基礎知識編】

〈注〉
20『自治体の政策形成マネジメント入門』P164
21 佐々木（2013）
22 国の「政策評価の実施に関するガイドライン（平成17年）において、広義の政策として、政策（狭義）、施策、事業までとしている。狭義の政策は、「特定の行政課題に対応するための 基本的な方針の実現を目的とする行政活動のおおきなまとまり」とし、施策は「基本的方針に基づく具体的な方針の実現を目的とする行政活動のまとまりで、政策（狭義）を実現するための具体的な方策や対策ととられるもの」とし、事務事業は「具体的な方策や対策を具現化するため、つまり、行政活動の基礎的な単位となるもの」を意味していると説明されている。
23「がん対策基本計画」は現在、第3次が運用されている。
24「国立がん研究センターがん情報サービス」
25 田中（啓）（2014）
26 塚本（2005）
27 田中（啓）（2014）
28 新藤（2004）
29 佐々木（2013）
30 大竹（2019）
31 サンスティーン（2021）
32 真山（2001）
33 武藤（2003）
34 宮川（1994）、『自治体の政策形成マネジメント入門』P168
35 ワイス（2014）
36 ロッシ（2004）
37 3つの基準の英語表記の頭文字Eを用いて、「3E」と呼ばれている。

【課題と解決の指針編】

Ⅲ．政策形成の課題

　政策形成の目的は地域の問題を解決することです。政策の目的が達成でき
ていない政策形成の背景にある政策立案と政策評価の課題について整理しま
す。

１．政策立案の課題：立案の質を落としている３つの曖昧さ

（１）政策立案で起きていること

　　　立案で設定した目的が達成できていない政策が見られます。その理由として、立案された「政策の質」[38] の問題が挙げられています。目的を達成するための対策である立案内容が不十分なまま、実施されているということです。

　　　その背景には、「問題を明確にしてから課題を設定するのではなく、課題が先に決まってしまっており、問題が後付けされたり、極端な場合は問題が何であったかの検討がなかったりする」[39] や「政策を実施している組織、担当者がプログラムの内容を適切に記述できない」[40] など手段ありきの政策立案になっていることが指摘されています。

　　　このような問題が曖昧、かつ問題分析が不十分なまま、手段ありきの立案では '政策立案者の思い込みで考えた政策を、一方的に提供しっぱなし' 状態となっており、活動はしているけれども、成果はでない（問題が解決されない）ことが起きている可能性があります。

（２）なぜ、そうなるのか

　　　手段ありきの立案など政策の質が問題となっているのは、実際の政策現場において、「現場の直感的判断にもとづき、適切そうにみえる政策案が採用され、その上でふさわしい理由づけがなされることが多いこと」[41] と指摘されているように、問題分析が不十分、または、分析それ自体をせず、自らの経験や直感により政

策が立案されているからと言えます。

　こうした取り組みになっている理由として、地域問題の解決には、問題の具体的な整理や取り巻く環境分析の必要性を理解していても、それを実践できる担当者が少ないことが挙げられます。そして、この背景には従来、政策を執行することが業務の中核となっていたことや、新たな政策を立案する機会がなかったことが大きく影響していると考えられます。

（3）立案内容の"3つの曖昧さ"

　立案された政策の質の不十分さとして挙げられるのは、①問題が曖昧、②対策の効果性が曖昧、③対策の実現性が曖昧という"3つの曖昧さ"です。これら3つは問題解決の対策である立案された政策の核となる項目です。

①問題が曖昧なこと

　立案された政策内容が抽象的な表現であり、「何が問題で、なぜ対策が必要なのか」が曖昧なことです。例えば、「空き家がある。または多くなってきている」などと書かれていることです。

②対策は効果があるのか曖昧なこと

　立案した対策が、なぜ、問題を解決できるのかを説明できていないことです。例えば、「○○システム」、「□□制度」などの導入・運用という対策が、なぜ、地域や組織の問題を解決できるかの理由が曖昧なことです。

③対策の実施によって問題が解決できるのかが曖昧なこと

　問題を解決するには「効果性」だけではなく、「実現性」が重要です。実現性は対策案の実施を通じての成果の実現度（問題の

解決度）です。対策案が " 絵に描いた餅 " では意味がありません。実現性が曖昧な対策は、立案を実施する際の現場環境を考慮せずに楽観的な内容となっている場合が見受けられます。なお、失敗の原因に挙げられる " 想定外のこと " の多くは本来、想定できた内容であった [42] との指摘があります。

図表Ⅲ -1　立案内容の 3 つの曖昧さ

（1）問題が曖昧なこと
（2）対策は効果があるのか曖昧なこと
（3）対策の実施によって問題が解決できるのかが曖昧なこと

　上記 3 項目はステークホルダーも関心が高く、立案者の説明で理解できない場合、質問をしても、納得できる回答ができない担当者がいることが現状です。こうして立案上の 3 つの曖昧さを具体化することを中心に立案内容の質を高めることが求められます。

《コラム》
なぜ、「手段ありき」の政策形成を避けなければならないのか

（１）手段ありきの政策

　政策立案の課題として指摘されているように、問題解決において、対象とする問題を分析せずに対策（手段）を立案する場合が見受けられます。解決すべき問題を明らかにしないまま対策（手段）に入ってしまうと、対策（手段）を推進することが目的となってしまい、手段に振り回され、費用と時間をかけたにもかかわらず結果的に問題が解決されないことになりかねません。

　「手段ありき」の政策形成は、「アウトプット型」政策形成と言えます。担当者は問題解決の手段である政策を立案することや、政策を実施することに注力し、"問題解決度"や"目的達成度"を重視しません。一方、アウトカム重視の担当者は問題が解決された状態をめざすので、問題設定から始めます。「アウトカム型」政策形成は問題起点であり、問題解決度を重視します。

（２）手段として「模倣」の留意点

　問題を具体的に設定し、問題分析を通じて立案された政策は、当地域の実態に適した対策になっており、問題解決に効果的であり、かつ実施段階での徹底もしやすいことから実現可能性も高いものとなります。特に実施する現場の担当者が理解しやすく、実行しやすくなります。この点が他で実施された事例の模倣である"手段の移植"との大きな違いです。

　一見、実施が容易に思われる模倣は実施段階で大きな壁にぶつかります。要するに模倣が否定されるのではなく、模倣は実施段階での徹底が困難であり、失敗しやすいのです。模倣の失敗の背景には、手法自体が

悪いのではなく、その手法を自分たちの地域に適切に活かそうとする対応（段取りや徹底）がないまま、移植してしまうことにあります。

《政策立案上の課題》

（1）自分や周りの担当者の取り組みから政策立案上の課題を書き出してみましょう。

（2）課題の理由・背景を書き出してみましょう。

（3）課題の克服案について書き出してみましょう。

２．政策評価の課題：形式的で "政策の改良" につながらない評価

（１）政策評価で起きていること

　　実施された政策の成果評価が不十分であり、廃止または、政策が改良されずに、成果が出ていない政策が継続されていることが指摘されています。成果評価が不十分なことは、評価から得た情報を活かし、政策内容を改良し、着実に成果（アウトカム）実現へ前進する PDC サイクルが適切に機能できていないことを示しています。つまり、評価の目的が達成されていない "形式的な評価" になっていると言えます。

　　例えば、評価制度を構築し、運用している地域・組織においては、評価基準にはアウトカム視点が含まれています。しかし、実際の評価では、アウトプット視点で行われている場合が見受けられます。こうした「アウトプット型評価」が継続されていること、それが放置されている地域・組織が見受けられます。

　　このような地域・組織は、「形式的な評価」という実態を自覚することと、政策形成における評価を適切に行うために、評価制度を目的に適した運用ができるように見直し、実践で徹底することが求められます。本書は見直しのための方向性と進め方を提案しています。

《コラム》
アウトカム評価の重要性

　政策評価がアウトプット視点で行われているとの指摘は「事務事業評価シート」などの記載がアウトプット視点での評価内容になっていることからも読み取れます。これは最近、地域課題に対して協働を通じて解決をめざす協働事業の報告書でも見受けられます。

　しかし、現実にはアウトカムを実現している（またはアウトカムに向かって前進している）政策があります。例えば、評価報告書では、活動やアウトプット内容が記載されている事業であっても、実施担当者や関係者にインタビューをするとアウトカム実現やアウトカム実現へ着実に進んでいること[43]が確認できます。

　この実績と報告内容の乖離（ギャップ）の背景には、評価の課題（Ⅲ章-1）で記載したことなどが考えられますが、アウトカムが実現している、または着実に進んでいるにも関わらず、それが住民に説明できていないことは地域経営として大きな課題と言えます。

　なお、アウトカム実現を確認したインタビューでは、成果を産み出した要因[44]についても洗い出します。多様な要因が列挙されますが、それらの整理からは"担当者がアウトカム志向"で取り組んでいることが導かれます。これは複数の事例においても共通している成果要因です。

　このようにアウトプット評価が中心となっている現状では、ステークホルダーへ適切な説明ができていないだけではなく、成果の背景にある効果的な取り組み内容を地域・組織で共有、活用する機会を逸していることでもあることからアウトカム視点からの評価への見直しが求められます。

（2）なぜ、そうなるのか

　1）事業することが目的化されている

　　多くの地域では政策を評価する制度を導入し、運用されていますが、運用が形式的になっていることが指摘されています。評価制度が形式的運用になっている背景には、制度の複雑さで現場が適切に運用できないこと[45]とともに、「事業そのものが目的化してしまう。何のために事業があるのか、事業によって何を実現しようとしているのかを考えることをやめ、いかに事業を執行するか、どのようにして事業を継続するか、どれだけ事業を拡大するかといったことで頭がいっぱいになること」[46]など事業の目的化が「アウトカム視点での評価」を妨げていることが挙げられています。

　　また、「政策の現状維持に利益を見出す集団が改善に抵抗することや、景気対策にみられる成果が出るかどうかに関係なく、とにかくやれるものから着手する姿勢、そして、結果志向ではなくプロセス重視の行政スタイルが挙げられています。また、結果は失敗、成果が出ていないが、手続き的にはミスがないとする姿勢」[47]などが評価にも影響していることが指摘されています。

　　要するに評価制度があるため、評価手続きは行うけれど、本来、求められるアウトカム視点で評価されていないことから廃止や政策の改良という次の計画へつながるような内容ではなく、評価で止まっている形式的運用となっていると言えます。

　2）成果を評価する情報がない

　　評価において利用されているのはアウトプットやインプット（投入資源）に関する情報が中心であり、アウトカム面での情報がない中での評価制度運用となっています。

評価制度を運用している場合は評価基準があります。しかし、多くの地域・組織では評価基準に当てはめるべき政策の“成果状況”についての適切な情報がない中で評価が行われていると言えます。

また、形式的な評価になっている背景には評価を適切に行うデータ収集・分析、そしてデータ活用できるデータ整備がされていないことも挙げられます。客観的な根拠となるデータ整備がない中で政策評価が行なわれてきたことになります。

3）立案上の曖昧さ

立案された政策の質が不十分であることも、実施段階での適切な評価ができていない背景にあります。1－（1）で述べたように「政策を実施している組織、担当者がプログラムの内容を適切に記述できない」ことや、「現場の直感的判断にもとづき、適切そうにみえる政策案が採用され、その上でふさわしい理由づけがなされる」など手段ありきで立案された政策では、なぜ、その政策（対策）が成果（アウトカム）に至るのかの道筋が明らかになっていません。

もし、対策から成果への道筋が明らかにされていれば、実施での評価を通じて、どこに、どのような問題が起きて、立案通りにならなかったのかが明らかになります。そして、明らかにされた情報を活かして、評価の目的である政策の改良ができ、成果（アウトカム）に着実に前進することができます。

実務で活かすポイント

「評価制度」の活用を動機づける

　評価制度の形式的運用の背景には、その制度（手段）導入の背景や目的について、'現場が理解していない'ことがあります。導入を推進する管理部門側は、周知したつもりでも手続きの説明が中心である場合もあり、現場が導入の背景や目的を理解し、共感し、活用が動機づけられていないという指摘があります。

　評価制度の適切な運用には、この点からの見直しが必要です。ただし、丁寧な取り組みを行っても、特定の部門が適切に運用できないことも起きます。その場合でも手続きを厳守するような制度を押し付けるような進め方ではなく、制度の目的に適した対応ができるように個別に支援する役割が担当部門に期待されます。

《政策評価上の課題》

（1）自分や周りの担当者の取り組みから政策評価上の課題を書き出してみましょう。
（2）課題の理由・背景について書き出してみましょう。
（3）課題の克服案について書き出してみましょう。

3．政策形成上の課題

（1）目的が達成されていない理由

　　　　政策形成の目的である地域の問題が解決できない背景には、①政策立案段階では、問題が曖昧、問題分析がないまま政策（対策）を立案している「手段ありき」となっていること。次に、②実施段階では、評価が形式的なため、政策の改良につながっていないことや成果が出ていない政策が継続されていること。そして、③立案も評価もその意思決定が経験や直感に基づいて行われていることが挙げられました。

　　　こうした取り組みや意思決定が、立案や評価の質に影響し、それぞれの目的が達成されていない背景にあると考えられます。

（2）「アウトプット型」政策形成

　　　　上記3点の背景にあるのは、地域の問題解決である政策形成において、立案や評価の目的を実現することが軽視され、'政策をつくること、実施すること'を重視する「アウトプット型」の政策形成となっていることです。

　　　こうした取り組みでは地域の問題を解決できない政策（手段）が立案され、実施され、継続されてしまうことになりかねず、'活動'はしていても、地域問題の解決（政策の目的）は達成されません。

（3）アウトプット重視の人材による政策形成

　　　こうした現状の政策形成が「アウトプット型」になっているの

は、政策形成に関わっている人（政策担当者、組織として政策決定・評価に関わる部門のメンバー）が‘アウトプット’重視で取り組んでいると言えます。政策形成上の課題克服には、アウトプット重視で政策形成を展開する人材を「アウトカム重視」の発想と行動へ変えていく必要があります。

《コラム》
人材の能力開発を重視し、現場から変えていく

　政策を評価する制度を導入し、運用していても、スクラップ＆ビルドを推進する部門を設置しても、成果がでない政策が継続されている組織があります。このような「アウトプット型組織」は、「アウトカム重視」に向けて導入した評価制度や設置した担当部門があっても、それを形式化させている原因を明らかにすることからはじめなければなりません。その中には、現状のアウトプット重視による組織風土・制度運用を変えることに抵抗感を持つ層が組織内に多いことが挙げられています。

　このような組織は、組織変革よりも、将来に向けて現場の一人ひとりの政策担当者がアウトカム重視の発想を持ち、行動できる人材を育成する選択肢を検討すべきです。

　アウトカムを重視する政策形成の重要性を理解し、その進め方を現場で実現できる人材を育成していくことです。一人ひとりの担当者がアウトカム重視で政策形成を展開していき、現場から変えていくアプローチです。

《手段ありき・アウトプット重視》

（1）自分や周りの取り組みの中で、「手段ありき」・「アウトプット重視」
　　と思える取り組みを書き出してみましょう。
（2）なぜ、「手段ありき」・「アウトプット重視」になっているのか、考
　　えられる理由を書き出してみましょう。

〈注〉
38 真渕は「政策の不完全」と表現している（2000）
39 真山（2013）
40 スミス（2010）
41 佐野（2010）
42 藤井（2009）
43 矢代（2013）
44 矢代（2015、2020）
45 田中（啓）（2014）
46 真山（2001）
47 山谷（2013）

Ⅳ．課題解決の指針

　「Ⅳ.課題解決の指針」では、「Ⅲ．の政策形成」の課題を克服するために政策形成において重視すべき３つを整理します。　①３つの曖昧さを解消し、立案の質を高めること。　②アウトカムへ前進できる評価を行うこと。　③質の高い根拠で意思決定を行うことです。３つについて具体的に説明します。

1. 3つの曖昧さを解消し、立案の質を高めること

（1） 3つの曖昧さへの対応

　　立案された政策の質に影響しているのは3つの曖昧さでした。①問題が曖昧、②対策の効果性が曖昧、③対策の実現性が曖昧であることです。3つの曖昧さへの対策としては、それぞれ ①問題を具体的・客観的に表現すること。 ②対象の特性や問題の分析を行うこと。 ③実現性に影響するリスクへ対応することが挙げられます。以下でそれぞれについて説明します。

```
図表Ⅳ-1　3つの曖昧さへの対応

①問題を具体的・客観的に表現すること。
②対象の特性や問題の分析を行うこと。
③実現性に影響するリスクへ対応すること。
```

（2） 問題が曖昧なことへの対応：①問題を具体的・客観的に表現すること

　　設定した問題が曖昧と映る抽象的な問題表現ではなく問題を具体的に生々しく描きます。基本的な描き方は、問題の構造である「（ア）目標（めざす姿）」に対して、「（イ）現状」を具体的に把握し、2つの差異から生じている「（ウ）不具合」の3つに分けて、それぞれを具体的に描くとともに、客観的な数値データを書き込み、問題の深さを表現します。

　　問題設定において、現象面（現状や見込み）のみに注目して、「空き家が○件ある。または、将来○件になる」ことを問題として表現していることがあります。この場合は問題構造の「（イ）現状（将

来の状態)」を表わしているだけです。問題設定では、「(イ) 現状」によって生じている放置できない「(ウ) 不具合」まで描かなければ問題の重大性が表現できません。

　(イ) と (ウ) について可能な限り具体的な情報・データを組み込むことは、問題の重大 (深刻) 性を表現するために効果的です。(イ)「どのような空き家 (例えば、老朽度)」が、「どのくらい (件数)」、「どこ (エリア名)」で起きていて、その結果、(ウ)「誰に、どのような影響を、どの程度与えているのか」を表現します。

　このように問題の重大性 (放置できなく、対策が必要) を共有するためには、「(イ) 現状」だけではなく、「(ウ) 不具合」まで表現することが重要です。なお、不具合は直面しているものだけではなく、将来発生する可能性のある不具合も対象になります。3つの項目を活かして問題を具体的に描く方法については、Ⅴ章-3で説明します。

《問題の見える化》

(1)　担当事業が解決したい問題、または関心のある地域の問題について、(ア) 目標、(イ) 現状、(ウ) 不具合　について具体的に書き出してみましょう。
(2) (ア) から (ウ) それぞれに関するデータを書き込みましょう。

（3）対策の効果性が曖昧なことへの対応：②対象の特性や問題の分析を行
　うこと

　　　　立案した政策が問題を解決できる内容に仕上げるには、問題が
　　起きている対象の特性や問題分析からの情報を活用することが有
　　効です。問題分析は政策案を創り出すための情報を生み出す活
　　動と言われます。例えば、①対象を明確にする分析があります。
　　明確化されることで対象の特性やニーズなど明らかにすることが
　　でき、より効果的な対策立案につながります。例えば、対象を‘住
　　民’とするのではなく、「誰やグループ」を特定する分析です。

　　　　また、②問題を起こしている原因の分析[48]からは、対策として
　　の防止策を策定するための貴重な情報を得ることができ、③地域
　　を取り巻く環境（政治・社会・経済・技術・環境など）の分析か
　　らは、現状の実態や将来の動向・変化を押さえることができます。

　　　　こうした分析を立案に活かすことで、その効果性が高まります。
　　なお、立案における具体的な分析については、Ⅴ章-4やⅧ章で
　　説明します。

《対象の特性や問題の分析》

（1）担当政策や関心ある問題の対象の特性を具体的に書き出してみま
　　しょう。
（2）担当政策や関心のある問題を引き起こしている原因を列挙してみ
　　ましょう。
（3）担当政策や関心のある問題に影響している外部環境（政治・社会・
　　経済・技術・環境面）について書き出してみましょう。

（4）対策の実現性が曖昧なことへの対応：③実現性に影響するリスクへ対
　応すること

　　　　新たに立案された政策は、地域にとって過去に経験したことの
　　　ない新たな取り組みです。新たな取り組みは、“不確実性”が高
　　　いため失敗しやすいと言えます。また、立案者は、多面的な分析
　　　を通じて効果的な政策を立案しても、その実施に対しては楽観的
　　　発想や自信過剰[49]が壁になり、実現性への曖昧さが残る立案内
　　　容となってしまう傾向があります。

　　　　実現性の曖昧さには、政策実施上の活動を阻害すると想定され
　　　る要因（リスク）をできるだけ洗い出し、その対応策を事前に検
　　　討しておくリスクマネジメントが有効です。具体的な進め方は、
　　　Ⅴ章-5で説明します。

《リスク》

（1）担当事業や業務についてのリスクを書き出してみましょう。
（2）書き出したリスクへの対応策を書き出してみましょう。

《コラム》
「手段ありき」から「問題起点」の立案

　手段ありきを回避するために、担当者は政策立案や実施において留意すべきことがあります。既に事業化されている「街灯整備事業」を例に確認します。事業の目的は「安全な道路環境整備」ですが、担当者として押さえておく必要があるのは、そもそもなぜ、この手段（事業）を行政が取り組むのかという「解決しなければならない地域の問題」です。担当者は解決すべき問題を理解していなければ、街灯を設置することが目的化され、設置が業務完了と考えてしまう可能性があります。これが手段ありき・アウトプット重視の発想と、それによる行動様式です。

　問題起点のアウトカム重視の政策形成では、①問題を明確にし、②その問題が放置できない深刻な公的問題であり、③行政が介入する必要があると合意形成されてはじめて、その解決策（政策）の立案に入ることになります。

　直面している地域の問題を解決できる政策を創るためには、④地域特性や問題分析から得た情報に基づき、適した政策案を立案します。なお、⑤特定のメンバーだけで意思決定するのではなく、多様なステークホルダー間で、⑥複数の代替案を比較検討しながら、⑦当該地域の問題に適した政策を選択し、合意するプロセスを踏むほうが、より実効性（効果性・実現性）の高い政策立案が期待できます。

２．アウトカムへ前進できる評価を行うこと

（１）不確実性への対応

　　　　政策形成は不確実性が高いことから進捗確認（モニタリング）は実現性の観点から極めて重要です。ただし、成果（アウトカム）に影響するリスクを全て想定した立案は不可能です。政策の実施では立案段階では想定していなかったトラブルなどが発生する可能性が高く、それが成果に影響を与えかねません。進捗管理を通じてトラブルの早期発見に取り組むとともに、トラブルが発生した場合、迅速に適切な対応をする必要があります。

（２）実施中の評価

　　　　環境変化からの影響も含めて政策実施は、立案（計画）段階で描いた通りには行かない場合があります。現場では停滞、手戻り、停止など成果実現へ影響を与える多様な問題に直面します。その問題に適切に対処しながら目標へのプロセスをマネジメントすることが求められます。よって、実施が始まったあとは、立案（計画）内容に固執することなく進捗状況を的確に把握・評価し、目標に向け、状況や環境変化に適切に対応するために必要に応じて起動修正を行うことが求められます。

（３）アウトカムへ前進できる評価の進め方

　　　　実施中の評価では、図表Ⅳ-２のように「①目標達成度（アウトカム視点から）の確認」、「②原因の分析」、「③教訓の抽出」、「④改良の方向性」の順に進めます。

　「①目標達成度の確認」では、目標に対しての現状の到達点を客観的・具体的に確認します。目標設定で活用した指標を使い、現段階の水準を把握します。次の「②原因の分析」では、①の現状の到達点に到った原因を分析します。目標未達成の場合だけでなく、目標を達成している場合でも、その理由や背景を整理しておきます。「③教訓の抽出」においては、目標実現に向けて活動してきた過程を振り返り、学んだことを整理します。そして、「④改良の方向性」とは、③の中から目標実現のために必ず克服しなければならない課題を絞り込み、政策の改良を検討し、方向性を固めることです。こうした評価を経て、政策の改良（または新たな政策立案)をします。こうして次のPDCサイクルがはじまり、アウトカム実現へ着実に前進することになります。

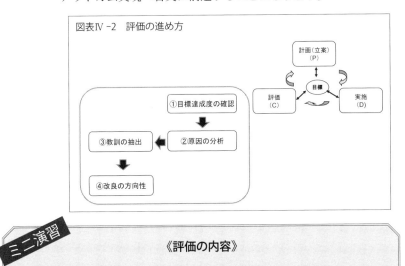

図表Ⅳ-2　評価の進め方

《評価の内容》

（1）担当事業について、「①目標達成度の確認」から「④改良の方向性」の４つについて具体的に書いてみましょう。
（2）「④の改良の方向性」にもとづいて、具体的な案を策定してみましょう。

実務で活かすポイント

次につながる評価に向けて

　評価の手順は図表Ⅳ－2の①から④の順番に進めますが、なぜ、この順番に進めるのかを説明します。評価の目的は、政策を改良し、次の計画（立案）につなげることです。そのためには、評価での成果物は、④改良の方向性になります。④が生み出せていなければ、次の計画（立案）ができません。そして、④のためには、③の教訓の抽出が必要になります。③の内容は②の原因の分析を行わなければ整理できません。そして、②は①を行うことがスタートとなります。

（4）評価の説明

　　　　評価についての説明には、（ア）現状の到達点（対目標）だけではなく、（イ）そうなった原因、（ウ）今後の活動の方向性が含まれます。そして、それぞれには根拠の提示が必要です。図表Ⅳ－2の評価における①から④の順で生まれる情報は、（ア）から（ウ）の説明に使われます。

（5）政策の改良につながる評価を行うための立案内容

　　　　評価では、問題解決の手段として「効果性の検証」を行いますが、検証に留まらず、そこから「政策の改良」につなげることが重要です。なぜなら、政策は問題解決の手段であり、解決に向けてより効果的な内容である（改良される）ことが求められるからです。これが評価の重要な目的です。

　　　　政策（対策）の改良につながる評価を行うには、立案（計画）段階で、目標（図表Ⅳ－3の①）を具体的に設定するとともに、

問題解決の対策（図表Ⅳ-3の ④）を具体的に描いておく必要があります。

　立案（計画）段階で、具体的な目標設定ができていなければ、評価での達成度（到達度）が不明です。また、対策から目標達成への道筋が描けていなければ、評価において原因（例えば、何が失敗要因か）が明らかになりません。つまり、立案（計画）段階で、目標と目標達成への道筋を明確にしておかなければ、評価での目標達成度や具体的な原因分析ができないため、教訓抽出ができません。教訓抽出ができなければ、政策の改良を効果的に仕上げることは困難です。

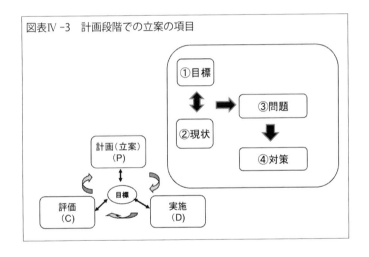

図表Ⅳ-3　計画段階での立案の項目

①目標
②現状
③問題
④対策
計画（立案）(P)
目標
評価(C)
実施(D)

《コラム》
'問題を解決する'ための「評価」を行う

　先の「街灯整備事業」の事例（p.71）で説明したように、政策実施中も担当者は、政策によって解決したい問題（政策目的）を明確にしておかなければなりません。政策実施段階では、最適と合意形成された政策を実施しますが、あくまでも政策は手段ですので、立案した政策の実施によって、問題は解決したのかのアウトカム視点での評価が必須です。

　手段ありき・アウトプット重視を回避するには、街灯設置後、一定期間の後、問題が解決されたかの評価を行う必要があります。もし、街灯を設置しても、犯罪や事故などが発生したならば、安全な地域になったとはいえません。つまり、街灯整備だけでは不十分ということになるので、次の対策が必要となります。こうした"問題解決度"を評価しながら問題解決に着実に進めていく政策形成が求められます。

3．質の高い根拠で意思決定を行うこと

（1）適切な意思決定が求められる政策形成

　　　「Ⅲ．政策形成の課題」で挙げたように政策立案や評価が、経験と直感に基づいて行われていることが地域の問題解決に貢献できない政策形成の背景にあります。地域の問題解決における政策形成は適切な意思決定が必須であり、それは"質の高い根拠に基づく"ことが求められます。経験も根拠ですが、政策形成において適切な結論（主張）を導き、支えるには弱い場合があります。

（2）適切な意思決定が求められる「政策立案」

　　　現状、問題解決につながらない政策の背景に経験と直感による政策立案が指摘されていますが、それは根拠としている経験や直感による意思決定では問題解決につながる政策立案になっていないからと言えます。

　　　政策立案の基本目的は、地域の問題が解決できる政策（対策）を創り上げることです。そのためには、政策の立案は"はずだ"ではなく、事実を把握し、事実に基づいて判断することで問題解決度が高まります。

　　　また、立案した政策はステークホルダーに理解され、納得してもらう必要があります。そのためには説明において、提案（主張）に対する適切な根拠を示すことが効果的です。現場のデータや問題に関する分析結果を根拠として使うことで、提案内容は、立案者の"思い込み"などからではなく、事実・実態に即した提案であることが"伝わり"、聴き手の理解を促進します。

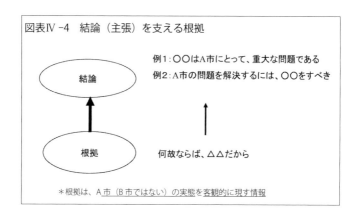

図表Ⅳ-4　結論（主張）を支える根拠

結論

根拠

例1：○○はA市にとって、重大な問題である
例2：A市の問題を解決するには、○○をすべき

何故ならば、△△だから

＊根拠は、A市（B市ではない）の実態を客観的に現す情報

（3）適切な意思決定が求められる「政策評価」

　　政策評価では、政策の継続、改良、廃止などの意思決定を適切
に判断できる情報が必要です。

　　立案段階で期待された成果が出ていない場合、なぜ、成果が出
ていないのかの要因などを示す情報があれば、政策を改良するた
めの有効な情報となります。実施を通じて得た失敗の原因などは、
より良い政策への改良に貴重な情報です。こうして評価における
意思決定別に適した情報があれば、適切な意思決定ができます。

　　そして、評価結果はステークホルダーへの説明が求められます。
評価から導かれた結論に納得を得るには適切な根拠を示すことが
効果的です。

実務で活かすポイント

評価結果からの情報を活かす

　政策形成のための情報は、新たにデータを集め・分析することからも得られますが、過去に実施した政策評価結果から得られている情報を用いることができれば効果的、説得力が高いものとなります。日本では以前から政策評価が行われているので、そこからの情報が活用できるはずです。今、注目されている EBPM の考え方に基づいて政策形成を展開していくのであれば、評価も重視し、成果内容とそれをもたらした要因を整理、蓄積する取り組みも重要となります。

　適切な評価により得た情報が共有されているのであれば、それを地域の特性に合わせて政策立案に活用することができます。現在、それに近いこととして、'成果（アウトカム）が出た'と評価されている事例について調査、時に視察などを通じて情報を得る取り組みが行われています。しかし、たとえ現場に視察に行っても、手法を模倣してしまう結果となっている場合が多く報告されています。また、'成果が出た'と評価されている地域・組織が、成果評価を行っていない場合が多いとの報告もあります。

（4）「質の高い根拠」を政策形成に活かすために

　　1）質の高い根拠の必要性を理解する

　　　　政策形成における根拠の必要性、その質の重要性を現場の担当者一人ひとりが理解するとともに組織として共有することがスタートです。こうした「根拠ありき」ではなく「質の高い根拠の必要性」を押さえた上で、データを集め、分析しなければ、データ収集や分析という手段に振り回されかねません。

2）質の高い事実情報を把握する能力の強化

　地域の問題解決には、その問題や取り巻く社会についてより正確に理解・認識することが有効[50]です。そのために適切なデータ収集・分析の方法として「社会調査」について理解しておく必要があります。

　社会調査はその地域に住んでいる人以上に、その地域のことを良く理解できる方法と言われます。また、社会調査から「この部分をこうすれば、こうなる」と言える情報が得られれば、それに基づき効果的な問題解決策としての政策を立案することができます。

　適切な社会調査を行うことによって、正しく、信頼できるデータや、新しい事実発見（fact finding）から対策を立案することは、経験や直感に頼るより問題解決に適した対策としての政策の立案が期待されます。☞X章-2（データ収集・分析・活用）

　現在、様々な統計データが官庁から発表されていますが、単位が国や県[51]である場合が多いことや発表サイクルが年次、そして5年単位のものもあります。こうした現状のデータ整備状況において、地域の問題解決に対する政策形成を行うには、データの対象範囲、サイクル上の課題の他に、具体的実態や背景の深堀りなどの情報収集には既存のデータだけでは限界があります。また、リーサス（RESAS）なども整理されていますが、全ての地域問題に関するデータ収集には限界があります。☞X章-3（オープンデータ・ビッグデータの活用）

　よって、政策立案者自らが社会調査することが必要な場合があることから適切な社会調査（リサーチ）の方法も含めたリサーチリテラシー[52]の開発・強化が必要です。

3）質の高い根拠を重視する組織的な取り組み

　質の高い根拠に基づく政策立案や評価が今までできていないのは、'経験と直感で政策を立案し、評価する'ことが組織的に慣習化されてきたとも言えます。

　現在、政策形成にデータを活かすことの重要性が注目され、適切なデータを集め、分析し、活用するためにデータ整備やリサーチリテラシー強化の必要性も議論され、具体的な取り組みが始まっています。ただし、上記のような経験と直感で政策立案や評価が行われてきた地域・組織では、データ整備や担当者のリサーチリテラシーの開発とともに、地域・組織としても政策形成における立案と評価での意思決定には質の高い根拠が必要であることを共有し、徹底することが求められます。

《コラム》
政策形成に活かす論理 [53]

　論理の基本構造は、「主張（結論）とそれを支える根拠」です。

　論理構造におけるデータとは「主張（結論）」を導く時のスタートとしての事実です。そして、論拠とはデータから「なぜ」、その主張（結論）が言えるのかの理由付けを提示しています。

　利用したデータ（事実）が強力な根拠として受け入れられれば、主張（結論）が導かれ、相手は納得感を持ちます。しかし、通常、データだけでは不十分である場合、論拠による補完で説得性を増すことができます。特に反対意見を持つ相手に自分の主張（結論）を理解してもらうには、デー

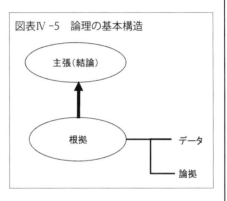

図表IV-5　論理の基本構造

タから主張（結論）を導くための論拠で補完することが有効です。

《政策（手段）の根拠》

　最近、地域で「高齢者向けサロン」が開設されています。サロンは手段ですが、
（1）どのような公的問題を解決したいのかを書き出してみましょう。
（2）その問題解決になぜ、サロンは効果的なのかを書き出してみましょう。

4. ケーススタディに学ぶ：アウトカム重視での立案と評価

　次の事例は若者自立促進プログラムについて運営している
NPO団体の幹部からのヒアリングに基づいた内容をベースにし
ています。

（1）NPO　R団体の取り組み

　①NPOのR団体（以下R団体）は、貧困やドロップアウトし
た若者の自立を使命として運営されています。R団体は多様なプ
ログラム（例えば、相談対応や食事提供など）とともに行政の委
託事業として就労支援の講座を運営していました。

　その後、行政がアウトカムを重視しはじめたことから成果（ア
ウトカム）として就業者数の目標と実績報告が求められ、報酬も
実績に基づく契約になりました。

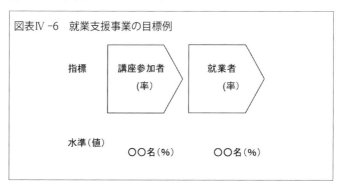

図表Ⅳ-6　就業支援事業の目標例

　②R団体は成果（アウトカム）実現に向けたプログラム内容や
体制を変えて、企業に就職する若者を増やすことをめざしました。
従来の目標は、参加人数や講座回数でしたが、アウトカム実現に

向けて、目標を就職に必要な知識・技能を習得できるようなプログラムへ見直すとともに、目標に就職者人数を加えるとともに、講座終了者数も目標に組み込みました。講座終了が就業に大きく影響すると考えたからです。

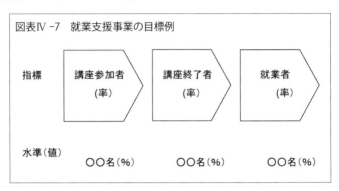

図表Ⅳ-7　就業支援事業の目標例

それぞれの目標をめざして、講座を運営することで就業者数が増え、その成果を行政も評価しました。

③しかし、R団体が直面したのは、就職はしたものの数ヶ月で退社してしまう若者がいることでした。R団体は就職が若者の自立への大きな機会とみなし、就職促進への講座を運営していましたが、この早期の離職にR団体はその使命からも新たな取り組みをはじめました。

④R団体は、離職者を防ぐ対応をはじめるにあたり、「就職者数」の上位に新たに「定着率」を目標として設定しました（図表Ⅳ-8）。

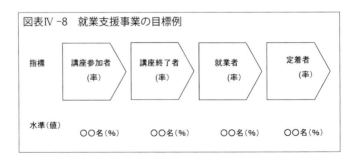

図表Ⅳ-8　就業支援事業の目標例

そして、まずは就職できた企業に定着する期間を伸ばすために講座内容や体制を変えました。例えば、カリキュラムにコミュニケーション講座を加えました。これは就職した若者の離職理由の主なものに人間関係があり、その構築にコミュニケーションが重要と考えたことからです。また、就職後も相談できるキャリアカウンセラーを体制に加えました。こうした取り組みは定着期間や定着率向上に貢献しました。

（2）学びたいこと

R団体の取り組みから学びたいことは、問題を解決するためにアウトカム視点から対策（政策）を立案し、評価をしていることです。R団体の取り組みは、次の4つに該当する組織・担当者にとって政策立案や評価の見直しに参考になります。

①手段ありき（講座ありき）で同じカリキュラムを継続している。②アウトプット（開催回数、参加者数）のみを目標としている。そして、③アウトプット目標に対して政策を立案している。こうした結果、例えば、目標を参加者とした場合、参加者を増やすために講座の趣旨とは異なるカリキュラムを運営してしまうことも報告されています。例えば、図書館において同様の問題[54]が起きた報告があります。また、アウトプットの観点から目標の設定に加え、④アウトプット視点での評価が行われ、本来求める成果が出ない政策が継続されているなどです。

（3）実践に活かしたいこと

委託先や寄付団体がアウトカムを求めるようになったことからR団体はアウトカム目標に向けて多面的な取り組みを行い、委託先が求める成果を達成しました。しかし、R団体がめざしていたのは組織使命の実現でした。離職者防止に向けた取り組みを組み

込むなど、問題を明確にして、それを実現するための対策を行いました。

　こうしたR団体の取り組みから実践に活かしたいことが次の5つです。

　①問題起点から政策（対策）を策定していること。②組織使命に対する現状から問題を設定していること。③アウトカム目標とそこに至る道筋と段階別の目標を設定していること。その上で、④目標達成のための政策（対策）策定には対象者の特性などの分析を通じて設計していること。⑤実施結果をアウトカム評価し、政策（対策）を見直していることです。

図表Ⅳ-9　事例に学び、実践に活かしたこと

①問題起点から対策を策定していること。

②組織使命に対する現状の到達点から問題を設定していること。

③アウトカム目標とそこに至る道筋と中間目標を設定していること。

④目標達成のための対策策定には対象者の特性など分析を通じて設計していること。

⑤実施結果をアウトカム評価し、対策を見直していること

〈注〉
48 政策形成のためのリサーチ（データ収集と分析）の目的の1つは原因を探ることであり、原因がわかればそれを取り除く方案を立てることができる（伊藤 2011）
49 サンスティーン（2016）
50 政策は多くの人々に影響与えるがゆえに従来の「特定集団による主観的な印象」による政策検討ではなく、より幅広い視点（客観的）からの検討が必要である。客観的な検討の根拠となるのは、できるだけ幅広い人々の「生の証言」であり、その証言を集積にしたデータである。（柴田 2016）
51 e-Stat（政府統計の総合窓口）では小地域別（町丁目レベル）人口などが公開されている。また、リーサス（RESAS：Regional Economy　and　Society Analyzing System）は市区町村等での地域集計がある。
52「社会調査に関するさまざまな報告に盛り込まれている情報を的確に読み 取り、その質について正しく見抜いていくための力だけでなく、自ら適切な 調査を実践し、またその結果を的確に伝え行く上で要求される能力とセンス」（佐藤（郁）2015）
53「論理」とは、議論・思考・推理などを進めていく筋道。論証の仕方。「論証」とは、物事の道理を証拠をあげて説明もしくは証明すること。「論拠」とは、議論のよりどころ。論が成り立つ根拠となるもの。（日本国語大辞典）
54 真渕（2008）

【実践編：政策立案の「めざす姿」と 「具体的な手順」】

Ⅴ．政策立案で重視すべきこと

　Ⅲ章で確認した立案された政策内容が曖昧になるという落とし穴を避けて、実効性（効果性と実現性）の高い政策を立案し、その政策がステークホルダーに理解、共感されるための進め方（手順と手法）を説明していきます。

１．立案内容の「めざす姿」と重視すべきこと

（１）立案内容のめざす姿

　　　　立案の目的は、地域において放置できない問題を提起し、その問題を解決するための手段である政策を創り上げ、それが承認されることです。よって、立案された政策は、①放置できない問題が提起され、②その問題の解決策としての実効性（効果性と実現性）がある内容であることが求められます。加えて、③その立案された内容が意思決定者を含めたステークホルダーに理解され、共感され、承認されなければなりません。こうして実務者にとっては、上記の３つが「めざす姿」であり、それらが実現される政策を立案することが求められます。

（２）立案の質を高めるために重視すべき６つ

　　　　立案の質を高めるために重視すべきこととして、まず、手段ありきではなく、①問題設定を起点で行うことです。次に、立案した政策を高い品質にするためには、現状、立案した政策における②問題が曖昧、③対策の効果性が曖昧、④対策の実現性が曖昧の３つについて解消することです。そして、⑤多面的に政策を診て、決定・合意することです。なお、①～⑤においては、経験や直感に過度に頼ることなく、⑥質の高い根拠にもとづいて、意思決定や説明することです。

　　　　次に、これら６つの重視すべきことを具体的に解説していきます。

図表Ⅴ-1 「めざす姿」を実現するために重視すべき6つ

①問題設定を起点にすること
②問題の重大性を表現すること
③対策の効果性を高めること
④対策の実現性を高めること
⑤多面的に政策を診て、決定・合意すること
⑥質の高い根拠に基づいて意思決定し、説明をすること

実務で活かすポイント

立案内容は "仮の答え"

立案された内容は、問題解決策としては「仮の答え」ですが、仮の答えであっても、（ア）解決したい問題の特性に適した内容に仕上げる必要があることと、（イ）評価を通じて改良できる情報を組み込んでおく必要があります。（ア）の進め方をⅤ章からⅦ章で説明します。また、（ア）を踏まえた（イ）についてはⅨ章で説明します。

2．問題設定を起点にすること

（1）問題起点

　　独自の答え創りが求められる地域の問題には、「前例を重視す
る発想や過去の経験、先行事例などに過度に依存する取り組み」
では限界があります。問題解決において見受けられる "すぐに手
段を求める姿勢 " ではなく、まず、解決したい問題を明らかにす
る「問題起点」で取り組みます。

　　公的な問題は複雑な構造[55] を持ちます。対象とする問題の定
義やその特徴を正確に把握することが効果的・実現可能な対策づ
くりには必須です。

（2）立案の基本手順

　　立案の基本手順は、手段先行を避け、①解決すべき問題を設定
し、②その解決のために問題の実態や特性などを分析し、③問題
解決に効果的・実現可能な政策（対策）の立案とその推進体制を
構築し、④実施計画を策定する手順に沿って進めます。

図表Ⅴ -2　政策立案の基本手順

1. 問題提起　　2. 問題分析　　3. 対策立案　　4. 実施計画策定

3．問題の重大性を表現すること

（1）問題の構造を見える化する

　　　「曖昧な問題」を具体化するには、問題を構造的に見える化することが効果的です。問題を構造的に見える化するには、問題を「（ア）目標（めざす姿）」に対して、「（イ）現状」を具体的に把握し、2つの差異から生じている「（ウ）不具合」の3つを見える化します。

　　　見える化のツールとして図表V-3の「問題構造フレーム」を利用します。問題構造の各項目は"具体的・定量的"に描くことで放置できない問題である「問題の重大（深刻）性」を表現します。なお、目標は、一定期間内に達成されるべき成果を具体的に表現した「目印」と言えます。その目印は「何を（指標）」「どのレベルへ（水準）」、そして「いつまでに（期限）」の項目を組み合わせて表現します。

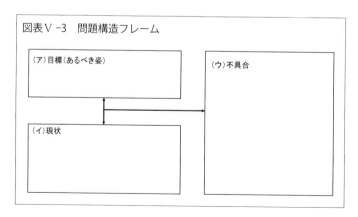

図表V-3　問題構造フレーム

（ア）目標（あるべき姿）

（ウ）不具合

（イ）現状

> ■ 実務で活かすポイント
>
> ### 目標が描けない場合
>
> 　問題設定では問題構造の見える化を通じて、問題を整理し、その重大（深刻）性をステークホルダーと共有することが大切です。「問題構造フレーム（図表Ⅴ-2）」はそのためのツールです。なお、目標設定がされていない場合は、「（イ）現状」と「（ウ）不具合」だけの整理を行います。「今、何が起きていて、その影響はどの程度か？」の観点から問題を描き、問題設定の目的である問題の共有を行います。

（2）成果向上型問題の記載方法

　　　　成果向上型問題とは、高い成果目標を掲げて、現状から目標達成をめざすことから、“問題が創られる”ことになります。成果向上型問題については、掲げた目標が達成できれば、どのようなメリットがあるのかを明らかにします。問題構造フレームの（ウ）欄には、期待される効果（好影響）を記入します。

４．対策の効果性を高めること

（１）対策のための問題分析

　　　地域の問題は、現実に地域で発生している問題です。それらに関連するデータを集めて実態を知ることや、そこで起きている問題の背景など多面的な分析を行います。それらの分析から得た情報に基づき立案された政策は、経験からの限定的な情報や思い込みによるよりも、地域が直面している問題に対して、効果的・実現可能な対策を創ることができます。

（２）問題分析は全体像を押さえる

　　　分析の視点や手法は多種多様あります。手法ありきではなく、分析の目的に適した手法を活用しなければなりません。政策形成の入門書として、実務で活かしたい手法は、X章で解説しますが、ここではどのようなテーマでも分析のスタートとして必要である「全体像を押さえる」ことに焦点を当てて説明します。

　　　「全体像」の把握は、テーマや問題の全体構造や構成要素間の関係性などを理解し、その共有を可能にします。そして、問題部分の特定や問題とその原因関係の明確化などから解決するための対象を絞り込むことができます。

　　　また、全体構造と構成要素を分けた上で、既存政策を当てはめてみることで、アウトカム実現への改善機会の発見が期待できます。なお、全体を把握する場合、対象の見落としを防がなければなりません。以下で全体像の描き方の例を示します。

①全体像をプロセス視点で整理する

　全体像を「プロセス視点」で整理する事例として、図表Ⅴ-4
は空き家の基本的な状態変化プロセスを描いています。全体像を
プロセスで描く事例です。

図表Ⅴ-4　空き家の状態変化プロセス

　空き家問題に対する分析では、全体を押さえつつも、放置され
ている空き家を状態別に把握することが大切です。ある時点の全
体像を要管理対象の「放置されている空き家」と「老朽化した空
き家」について、空き家の老朽基準（レベル１から４まで）を横
軸に、地域別（縦軸）に表記したフレームが図表Ⅴ-5です。

図表Ⅴ-5　空き家の地域別老朽度レベル別一覧

　このフレーム内に現状や将来の予測値を記載することで、現状
や将来の全体像とその内訳を表示できます。これにより全体を押

さえながらも問題解決に向けた対象を絞り込むことができます。絞り込むことで、対象ごとに具体的な対策を立案することができます。

　また、空き家問題では、危険度の高い空き家が対処緊急度の高い対象として注目されますが、全体を把握することで、今後、空き家を発生させない、空き家を放置させない中長期視点の対象とそれぞれへの対策案も検討することができます。

　防災対策について、横軸を防災プロセスとプロセス別の既存施策（A ～ H）を描き、縦軸には市内地区名を列挙したフレームが図表Ⅴ-6です。例えば、フレームの中に既存施策の状況から不十分な対策内容や他地域で発生した災害を参考にプロセス別に想定されるリスクを地域ごとに描きます。例えば、○○地区の「避難行動要支援者支援体制」が不十分であることや、□□地区の避難所運営面、◇◇地区内の企業の事業継続のための準備不足などが明確になります。

図表Ⅴ-6　地域別地震防災の既存施策と要対策案件

	平常時対策 平常時の対策 A B	防災対策 地震が発生する までの対策 C D	応急対策 地震直後の災害 対策 E F	復旧復興対策 社会の平常化を 図る対策 G H
○○地区	‥	‥	‥	
□□地区				
： ：				
◇◇地区				

②全体像を構成要因で分解

「結果―原因のツリー構造で整理」

　現在、起きていることや過去に起きた「発生型問題」について、原因を分析することは効果的な対策立案への貴重な情報を入手できます。空き家問題で言えば「空き家の発生原因」だけではなく、「空き家の放置原因」を分析することで、今後、発生防止策検討へ有効な情報が得られます。

　原因分析は、「原因分析のツリー図」を活用し、結果を引き起こした原因を階層的に順序良く、漏れなく洗い出し、原因構造を見える化していきます。原因分析ツリー図を利用した原因分析は、原因の漏れや重複を回避して、個々の原因を‘深掘り’をすることにより、効果的な対策立案への情報を引き出すことができます。

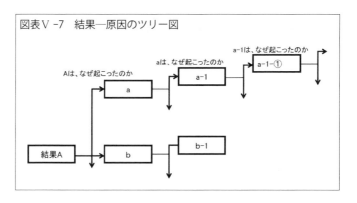

図表Ⅴ-7　結果―原因のツリー図

　「結果―原因のツリー図」は、ロジックツリー[56]作成ルールに基づくことで論理的なツリー構造が作れます。

③集めたデータの傾向を見る

「顧客満足度調査」

　顧客満足調査を行い、項目別に「期待度」と「満足度」を5段階でアンケートした結果を縦軸が「期待度」で、横軸が「満足度」の表に描き出し、アンケート全体からの傾向を見ます。例えば、観光地において、ある観光施設を対象にして行った結果、「期待度」は高いが「満足度」が低いエリアにある項目が優先度の高い要改善項目として絞り込むことができます。

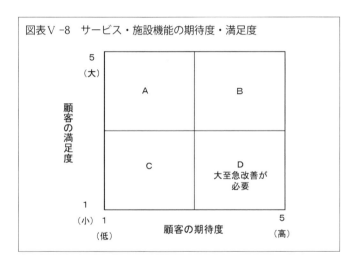

図表V-8　サービス・施設機能の期待度・満足度

「相関関係」

　ある変数が変化したとき、他の変数もそれに関連して変化することを相関がある[57]と言います。相関の強弱は散布図（2種類のデータを縦軸と横軸に当てはめたグラフ）を描くことで視覚的に明らかになります。例えば、図表V-9は、ある県内の市町村別の「空き家率（X）」と「犯罪発生率（Y）」のデータを散布図に描いてみると2つのデータに正の相関関係が見られるという事

例です。なお、相関関係が
あっても、それが因果関係
になっているとは限りませ
ん[58]。

「顧客満足調査（図表V-
8）」では、満足度と期待
度の関係において、満足度
が低く、期待度が高い領域
の項目を洗い出しました。

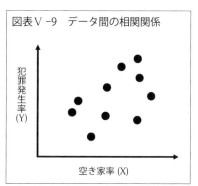

図表V -9　データ間の相関関係

犯罪発生率（Y）

空き家率 (X)

顧客満足度調査を行い、要改善項目を洗い出す方法には、別のア
プローチがあります。

　リピートや口コミ効果が期待される「総合満足度」に影響を及
ぼし、かつ要改善項目を洗い出すアプローチです。これは「総合
満足度」と各項目間の相関関係を確認し、強い相関関係のある項
目の中で要改善項目を絞り込む方法です。具体的には個別項目の
点数と総合満足度への「相関係数」を活用して、相関係数が高く
満足度が平均以下の項目を洗い出します。

　全体像を一定の視点でのフレーム内に見える化することで、全
体像とそれを構成している要素別の情報が得られます。全体を押
さえながら、構成要素のバラツキ度合いが確認でき、問題解決へ
向けた対象（ターゲット）を絞り込むことにも役立ちます。
　問題解決は対象が大きいと解決を困難にしますが、特定のター
ゲットが明確であれば、それに特化した具体的な分析を行い、そ
のターゲットに適した具体的・実現可能な対策立案が可能だから
です。

（４）既存政策に対する評価・分析を行う

　　　　　解決したい問題に対する既存の政策がある場合は、その評価・分析を行った情報を政策立案に活かします。既存政策の評価・分析をすることで、類似または重複した政策の立案を回避できます。

　　　　　既存政策はアウトカム視点で評価します。また、継続されているにも関わらず、未だ解決に至らない原因を洗い出すことができれば、それを参考に既存政策の改良や既存政策の不十分な点を補完する政策を立案できます。

《コラム》
「問題の設定」と「問題の分析」ができる人材の育成

　政策形成での深刻な課題は、立案が「手段ありき」なことです。その理由として、問題を具体的に描き、問題を分析することが現場で行われないまま、政策（対策）が立案されていることが指摘されています。その背景には、地域や組織内に、問題を適切に設定したり、問題を分析できる "人材" が限られていることが挙げられます。

　地域の問題を解決するには、経験と直感に依存した手段ありきでは限界があることから問題を具体的に設定し、それに関する適切な分析を行って得た情報に基づく政策を立案していくことが求められます。

　適切な問題設定や問題分析から得た情報に現場経験から得た情報を組み合わせることで、効果的・実現性の高い政策の立案が期待されます。実務者の現場経験からの情報は貴重です。それを対策立案に活かすためにも「問題分析」は重要です。

　地域が主体となり多彩なメンバーで議論し、方向性を決めていくための拠り所になる「問題設定と問題分析」ができる人材が必要な地域・組織は少なくありません。

5．対策の実現性を高めること

（1）実現性に影響するリスクに対応すること

　　　　多面的な分析を通じて効果的な政策を立案しても、その実施に対しては楽観的発想や自信過剰が"実現性の曖昧さ"を残す立案内容となってしまいます。それを避けるために、政策のリスクマネジメントが必要となります。

　　　　問題を解決するには「効果性」だけではなく、「実現性」が重要です。例えば、他の地域で成果を出した対策を参考に立案した場合、その手段自体は実績があり効果的と言えます。ただし、同じ対策が別の地域でも実現できるかは別です。地域を取り巻く環境や組織特性、実施するメンバーが異なるからです。よって、効果があるだけではなく、当地域でも実現可能性を高める立案内容に仕上げておく必要があります。

実務で活かすポイント
立案した政策の「リスク」を想定する

　立案した政策内容を'通知する'場合、伝えたいことが、対象者に「伝わるのか、行動変容（例えば、参加）は起こせるのか」をリスクと考え、その対策をも立案した政策に組み込むことは、政策目的の達成につながります。また、関連する組織が多い政策は、それらの組織との連携上のリスクが想定されます。組織の中には固定観念、前例踏襲的な発想を持ち協力を拒んだり、地域問題の解決よりも自組織の事情を優先する場合もあるからです。

　このような実施上の多様なリスクへの対応がなければ立案した政策は絵に描いた餅になりかねません。

（２）リスク対応の手順・手法

　　政策形成という"不確実性の高い"取り組みにおいては、成果
実現を妨げる要因をリスクとして洗い出し、リスクに対応するこ
とが政策の実効性を高めることになります。以下でその手順と手
法を説明します。

①リスクの洗い出し

　リスクの存在に気づき、できるだけ多くのリスクを洗い出すこ
とがスタートです。政策実施において成果に悪影響を与えそうな
要因、立案された政策が実施中に停滞や中止に追い込むようなリ
スクを洗い出します。

②リスクを評価する

　洗い出したリスクについて、「発生可能性（確率）」と「リスク
発生時の影響度」の評価視点からリスクの大きさを評価します。

対応しなければな
らないリスクへの優
先順位を明確にしや
すいように、それぞ
れの評価視点を３段
階（大・中・小）に
わけて、それぞれの
リスクを「リスク評
価フレーム」（図表Ⅴ
–10）内に位置づけ
ます。

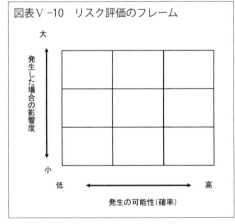

図表Ⅴ–10　リスク評価のフレーム

発生した場合の影響度

大

小

発生の可能性（確率）

低　　　　　　　高

③リスク対応の方向性

リスク対策の基本的な方向性には、（ア）リスクを回避すること、（イ）リスクを予防すること、（ウ）リスクを軽減すること、（エ）リスクを分散すること、（オ）リスクを移転すること、（カ）リスクを受け入れることがあります。

（ア）リスク回避は、リスク発生の要因となる活動を止めることです。（イ）リスク予防は、発生可能性を低くするために予防策を立案・実施することです。（ウ）リスク軽減は、発生時の損害規模を減らす策を立案・実施することです。（エ）リスク分散は、発生する可能性のある対象を分けることです。（オ）リスク移転は、保険などに加入して、リスクを他へ転嫁することです。（カ）リスク受容は、発生した時に対応することとして事前には何もしないことです。

《コラム》
アウトカム重視と実現性

実現性のない政策（絵に描いた餅）は、アウトプット重視の問題解決姿勢が影響していると言えます。アウトプットとしての「形」を重視する姿勢です。例えば、○○講座開催が解決したい問題に効果があるのかが不明なまま、予定された回数を開催し、継続されている取り組みです。

一方でアウトカム重視の担当者は、政策形成は不確実性が高いことを理解しています。問題を解決する（実現性）ことを重視するため、政策が現場で機能するようにリスクを洗い出し、その対応策を打っています。また、実施中のモニタリングを適切に行い、問題点を早期発見し、適切な対策を迅速に行ないます。

６．多面的に政策を診て、決定・合意をすること

（１）バイアスを避ける

　　　　特定のメンバーだけでの政策形成では、限られた情報や、思考の偏り（バイアス[59]）に影響をされやすいため、より適切な対策を立てるためには、多面的に政策を診る（検討する）ことが効果的です。例えば、人は自分自身に結論があって、それを固めるための情報を好んで選択する傾向（確証バイアス）があると言われています。

　　　　実態にそぐわない対策決定を避けるためにも多面的な視点での検討が重要です。政策形成においては、人はバイアスに陥りやすいことを自覚し、その回避のための工夫が必要です。

（２）従来の発想・視点を変えてみる

　　　　現場の担当者は知らず知らずのうちに過去の延長や既存のルールに基づいて考え、意思決定をしてしまいがちです。よって、いわゆる従来から " 常識 "（と考えていること）を疑ってみて、異なる前提で検討することが効果的な解決策を生み出すことにつながります。例えば、政策担当者の立場からではなく、サービスの受け手の立場から政策を診ることです。また、対策検討では、その結論に至った根拠（前提）を変えてみるなど違う角度から診ることで新たな発想が期待できます。

《コラム》
発想を引き出す手法

（1）創造力開発手法の分類

　「さまざまな問題を創造的に解決するために用いられる手法」と定義される創造力開発手法は（ア）発散手法、（イ）収束手法、（ウ）統合手法、（エ）態度手法の4つに分類されています[60]。（ア）発散手法は、発散的思考（アイデアを数多く発想する）を使用する手法であり、代表的な手法として、ブレインストーミング、チェックリスト法（強制発想法）、マインドマップ（自由連想法）などがあります。（イ）収束手法は、収束的思考（アイデアをまとめていく）を使用する手法であり、KJ法、ハイライト法などです。（ウ）統合手法は、発散的思考と収束的思考の両方が組み合わされている手法です。そして、（エ）態度手法は創造的な態度を養成するための手法であり、TA（交流分析）や6色ハット法があります。

（2）主な手法

　①ブレインストーミング（発散手法）

　ブレインストーミング（発散手法）は1930年代にオズボーンが提唱し、発想法として最も利用されている手法です。多くのアイデアを出すことで、その中から質の良いアイデアを得ることを目的としています。その基本的な進め方は、テーマを決めて、複数のメンバー間で話しながら出されたアイデアを書記役が記述していきます。その際の基本ルールとして、(a) 出た意見を批判しない（批判厳禁）、(b) 自由に意見を出すこと（自由奔放）、(c) 意見・アイデアを数多く出すこと（質より量）、(d) 出された意見・アイデアを発展させる（便乗発展）など4つを留意しながら進めます。(a) は批判されないと自分の意見を言いやすいこ

とや、(d) は人の意見に刺激されて新たな発想が促されやすいなどの考えを反映しています。9つの視点はオズボーンによる発想を引き出す視点であり、個人、グループともにブレインストーミングの視点に活用されています。

図表Ⅴ-12　オズボーンのチェックリスト

① 転用(Put together uses?)：新しい使い道や他分野への活用はできないか？
② 応用(Adapt?)：何か類似したものできないか、マネはできないか？
③ 変更(Modify?)：意味、機能、様式、手順などを変えられないか？
④ 拡大(Magnify?)：規模、高さ、長さ、時間、頻度、機能を変えられないか？
⑤ 縮小(Minify?)：より小さく、軽く、短く、分割できないか？
⑥ 代用(Substitute?)：人、物、手法、場所等他のものに入れ替えられないか？
⑦ 再配置(Rearrange?)：既存の要素、型、配置、順序等を変えられないか？
⑧ 逆転(Reverse?)：反転、前後、順番、機能等を転換できないか？
⑨ 結合(Combine?)：他との組み合わせられないか？

② KJ法（収束手法）

　KJ法（収束手法）は川喜田二郎により開発された発想法です。発想法の分類ではブレインストーミング後のアイデアを収束型とされますが、データ収集を含み、発散型と収束型の手法を連続して使用する手法とされています。例えば、ミーティングなどでは、まず、ブレインストーミングによるアイデア発散を行い、その上でアイデアをまとめるグループ化（収束作業）を行い、そしてグループ間の関係づけを行っていきます。

（3）多彩な参画者による議論

　　　　多面的に政策を診るには、多彩なメンバーの参画が効果的です。特定の人だけで立案することを避け、立案プロセスに多彩なメンバーが参画し、目的に沿って、建設的な意見交換を経て合意形成することです。セクショナリズムによる情報の占有などを廃して、意欲と能力を持った多彩なメンバーを巻き込み、情報を共有しながら成果に向けて連携していくことが求められます。

　個人の持つアイデア・情報は問題解決に活かせる貴重な資産です。また、人と人とのつながりから個々人の持つアイデア・情報が革新的な知を創造する場の形成[61]が期待できます。

（4）多彩な参画者間の意見交換[62]とその効用

　多彩な参画者を集めた意見交換を通じて、創り上げ、合意できた政策（対策）は、効果的・実現可能性の高い内容になります。特に、参画者による熟議[63]を通じて意思決定・合意した政策は現場で実現可能性が高まります。実施段階で"皆が当事者として責任を持って活動する"ことが期待できるからです。誰かが決めたことを受身的に行うのではないことが成果実現に大きく影響します。

（5）効果的・効率的な意見交換の場を展開する

　上記のメリットが期待される意見交換には一定の時間と費用が必要です。よって効果的・効率的なコミュニケーションを促進する工夫が求められます。例えば、意見交換でファシリテーターに意見の交通整理役を担ってもらうことです。

　ただし、ファシリテーション[64]を行ったとしても大切なのは、①参画者が意見交換の目的・目標を理解していること。②①に基づき事前準備をしておくこと。例えば、配布された資料を見ておくとともに、関連情報を収集して、自分の考えをまとめておくことなどです。そして、③意見交換中も目的・目標を意識しながら積極的に参画することが必要です。加えて、意見交換から④新たな発想やアイデアの創出が期待できます。特に①と②の段取りが意見交換を効果的、効率的に行う上で重要です。

《コラム》
意見交換では、個々の発言やアイデアを大切にする

　本書は、問題設定や問題分析が不十分なまま、政策（対策）を立案する「手段ありき」を避けるために手順を重視することを入門書として提案しています。ただし、どのような場合でも手順厳守という意味ではありません。手順も手段ですので、目的が重要なことは言うまでもありません。

　アイデアを生み出すための意見交換においても参画者の目的意識は大切です。政策形成に関係するメンバー一人ひとりの想い、問題意識、有している関連情報などは個人別に異なります。多彩なメンバー間での意見交換では特定の意見に触発されて発想やアイデアが出てくることが期待できます。

　一人ひとりの意見の中には貴重な情報が含まれている場合があるので適切な対応が必要です。例えば、問題設定についての議論の最中に、対策を話し始めた人に対して、「今は、問題に関する意見を述べてください」とか、対策検討において、「○○がいいのではないか」との意見に対して、根拠を求め、根拠がないことで意見を採用しない議論の進め方は避けなければなりません。こうしたことは貴重な情報・アイデアを潰してしまうだけではなく、発言者の参画意欲を失わせてしまうことにもなりかねません。

　政策形成は地域の問題解決です。発言の内容は、"ある問題の兆し"を察知している場合かもしれません。ただし、兆しの場合は客観的なデータを示すことは困難です。データがないことで発言内容を否定してしまうと問題発見を見逃してしまいかねません。

　このような場合、発言内容に関する情報を引き出す質問をしながら発言内容を具体化していくことで情報共有や発見が期待できます。現在、

住民ニーズは同じでなく、多様な生活者がいます。よって、問題設定においては、「誰のどのような問題か」を明確にしていくことで具体化されていきます。

　また、対策に関するアイデアなどは根拠となるデータなどを準備することは簡単ではありません。根拠がないアイデアを受付けない姿勢ではなく、深めていくことが大切です。そのアイデアが有効な対策になるかもしれないからです。必要に応じて、アイデアに関わるデータを集め、深めてみることが大切です。

　異なる意見を持つ他者との対話の中から、新しいアイデアが生まれ、問題解決につながる可能性は高まります。相手の意見について根拠がないだけで否定したりせず、"想い"の背景にあるものを引き出し、共有していくことは問題解決に有効です。こうした取り組みは参画者を動機づけ、発想を拡げ、建設的な議論につながり、実効性のある政策として固まっていくことが期待できます。

７．質の高い根拠に基づいて意思決定と説明をすること

（１）立案に必要な質の高い根拠

　１）問題が解決できる立案のため

　　政策立案の目的は、まず、①地域の放置できない問題について、対応が必要であることを明確にするとともに、②地域の問題が解決できる政策（対策）を創り上げる（立案）ためです。目的に適した政策を立案するには、地域や問題の実態や特性、取り巻く環境に関する正確なデータ収集・分析から得た情報に基づくことが効果的です。

　２）説明・共有・合意形成のため

　　上記１）の①と②の２つに対して質の高い根拠が必要な理由ですが、実務においては、③立案内容がステークホルダーに理解され、納得してもらう必要があります。そのためには説明において、現場のデータや分析結果を根拠として使うことで、提案内容は、立案者の思い込みなどからではなく、事実・実態に即した提案であることが"伝わり"、聴き手の理解や共感を促進します。

　　さらに、④合意形成過程での意見交換を効率的に進めるためにも質の高い根拠が有効です。公的な問題には多様なステークホルダーがおり、それぞれが独自の考えを持っています。その中で①、②についての議論に求められる情報は一般論や抽象論ではなく、個別特定の具体的な事実情報です。それに基づいた検討や議論は効果（目的に沿った）的・効率（短い時間で）的な意思決定や合意形成を可能にします。

（２）立案において「質の高い根拠」が求められる内容

　　　問題が解決できる実効性のある政策であり、ステークホルダー
　　に理解・共感を得ることができる政策には、特に ①問題の重大
　　性（深刻性）、②対策の効果性、③対策の実現性の部分を支える根
　　拠の質が重要です。

　①「問題の重大（深刻）性」

　　提起した問題は、地域として放置できない、対策が必要な問題
　であると納得できる根拠が求められます。行政が介入する場合は、
　行政介入が必要と納得できるような地域として放置できない、深
　刻さを示す根拠です。根拠としてのデータは、対象についての現
　状を表すデータが基本です。

　②「対策の効果性」

　　立案した対策が問題を解決するために効果的であることが納得
　できる根拠が求められます。例えば、立案した政策（対策）が問
　題を解決できるという因果関係を示せる根拠です。

　③「対策の実現性」

　　立案した政策（対策）が当地域で機能し、成果が実現できる条
　件が整っていると納得できる根拠が必要です。実施上で想定され
　るリスクに対する対応策が準備されていることが実現性の根拠と
　なります。
　　加えて、④「対策の成果対費用（効率性）」：対策実施が費用面
　からも実施可能であることを伝えることや、⑤「実施の準備度」：
　対策が現場で具体的に進めていくことができるのかを示す根拠も
　必要ですが、特に上記 ①から ③の３つが核です。それらの根拠

となる情報は本章の３，４，５で説明した分析などから得た内容が活かせます。

　以上、立案の落とし穴に陥らないように、重視すべき６項目について解説しましたが、６つ目の「質の高い根拠に基づいて意思決定と説明をすること」は立案全体に関わる内容です。なお、これらも手段ですから常に１．で述べた立案のめざす姿を実現するためであることを自覚しながら活用しましょう。

〈注〉
55 宮川（1994）
56『自治体の政策形成マネジメント入門』P83
57 ある変数が増える時、もう一方の変数が増える場合に正の相関があると言い、逆にある変数が増えるともう一方の変数が減る場合は負の相関があるという。
58『自治体の政策形成マネジメント入門』p109
59 藤田（2021）
60 高橋（2002）
61 西田（2003）
62『自治体の政策形成マネジメント入門』P249
63『自治体の政策形成マネジメント入門』P269
64『自治体の政策形成マネジメント入門』P148

VI. 立案の手順・手法・ツール

　Ⅴ章で説明した立案で重視すべき６つを組み込んだ立案の進め方[65]を、「①問題を提起する」、「②問題を分析する」、「③対策を立案する」、「④実施計画を策定する」順に、それぞれの目的と具体的な手順を説明します。そして、手順に沿って進め、仕上げた内容の企画書へのまとめ方とプレゼンテーションの準備について説明します。

1．問題を提起する

（1）問題提起の目的

　　問題提起の目的は、地域において放置できない問題が起きており（または、将来、起きる可能性が高い）、解決（予防）のための対策が必要であることを描き、ステークホルダーと共有するためです。

　　この目的を達成するためには、問題提起の内容が当地域にとって、「問題の重大（深刻）性」が伝わる客観的な情報を根拠とした内容に仕上げます。

（2）基本的な手順

［手順1－①：問題を認識する（問題に気づく）］

　　問題の認識には住民からの要望などがありますが、自治体が基本計画などで掲げている目標と現状との差異からも解決すべき問題を認識できます。また、政策評価制度[66]を導入している自治体では評価報告書の情報からも問題を認識することができます。

［手順1－②：問題を描く（見える化）］

　　問題を共有するために問題構造を見える化します。そのためのツールが「問題構造フレーム」（図表Ⅴ-3）です。問題の提起では、「現状」によって生じている放置できない「不具合」まで表現することが重要です。また、各項目を描く際には、具体的かつ、定量的情報を加えて表現します。☞Ⅴ章-3（問題の重大性を表現すること）

　問題構造を描くために、集めた情報を読み取りながらテーマ・問題について基本情報を押さえます。読み解くことで自分が気づいていない情報や、今後の分析の切り口などや、内容を深める新たな情報源を得ることができます。

　この段階では他の地域・組織が行った事例は、問題や分析を中心に読み取るようにします。対策まで読むとそれに影響され、その対策を行いたいという手段発想に陥ってしまうことになりかねないからです。政策立案の課題で挙げられている「手段ありき」になってしまうのは、この段階での情報収集から得た先行事例の対策内容に影響されることが多く見受けられます。

実務で活かすポイント

「手段ありき」の人からは、その手段から問題を引き出す

　実務においては、問題提起の段階にもかかわらず、手段を発想したり、意見交換において手段を発言する人が出てきます。ただし、その意見を即座に否定するのではなく、対策アイデアから問題内容を引き出すことで地域にとって重大（深刻）な問題の提起につながる可能性があります。

　そこで、「なぜ、その手段が必要と考えたのか」の視点から、問題を引き出します。引き出す際は、提案している ①対策は、②誰（何）の、③どのような問題を解決したいのか。を質問しながら、具体的な意見を引き出し、見える化していきます。

　このような進め方をすることで、地域として深刻な問題を見逃す（放置し続ける）ことを回避できるだけではなく、「手段発想」のメンバーに問題の明確化の必要性と重要さを理解してもらうことができます。

［手順１－③：問題を評価する］

　現在生じている、または将来生じるかもしれない不具合を放置していいのかを評価します。放置できない問題であり、対策が必要なのかを評価します。なお、自治体での政策形成では行政介入の必要性を評価[67]します。

　地域における問題の重大（深刻）度から評価・判断するためには、手順１－②での問題構造において、現状とその影響度（不具合）の内容を描いておくようにします。解決が求められる問題と評価（判断）された場合は、対策づくりに向けて、次の「２．問題を分析する」に進みます。

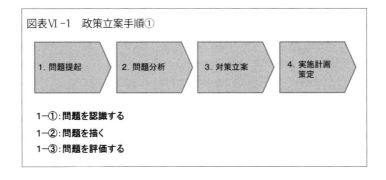

図表Ⅵ-1　政策立案手順①

1. 問題提起　2. 問題分析　3. 対策立案　4. 実施計画策定

1-①：問題を認識する
1-②：問題を描く
1-③：問題を評価する

２．問題を分析する

（１）問題分析の目的

　　　問題分析の目的は、手順１で設定された問題の特性を明らかに
するとともに、問題を解決するための対策（政策）を立案するた
めの情報を得るためです。

（２）基本的な手順

　　　［手順２－①：問題を分析する］

　　　問題提起した後、すぐに対策立案に入らず、現状の実態把握（何
が、どの程度起きているのか）やその原因（なぜ、起きているの
か）などを分析します。分析によって問題の現状や問題の原因な
どが明らかにされた情報は直面している問題に適した対策立案に
活かします。

　　　分析をする場合は、目的を明確にして、それに適した手法を選
択し、適切な方法で進めます。分析の目的を明確にするには、問
題特性を把握するためや、対策に向けての情報を得るために知り
たいことや確認したいことなどを洗い出しておくことが有効で
す。☞Ⅴ章−４−(2)（問題分析は全体像を押さえる）、Ⅹ章−２（デー
タ収集・分析・活用）、Ⅹ章−３（オープンデータ・ビッグデータ
の活用）

実務で活かすポイント

分析対象を具体化する

　政策立案への有効な情報を得るためには分析対象を細分化することが効果的です。例えば、対象を‘市民’とするのではなく、何かの切り口で細分化して、いくつかのグループに区分します。

　区分により「グループ」別の特性や具体的なニーズが明らかにされることから、そのグループに適した対策を立てることが可能となります。

☞Ⅹ章-4（事業戦略・マーケティングの手法）

［手順2-②：関連情報を整理し、分析する］

　当地域が直面している問題を解決するための政策（対策）を立案するための分析には、（ア）他の地域の取り組みや、成果を出した事例研究も有効です。解決したい問題が整理され、それに関する分析が終わった後に、他の地域の取り組み（手段）について知ることは、それに大きく影響されることは少なくなります。

☞Ⅹ章-5（ベンチマーキング手法）

　また、（イ）既存政策の評価を行うことも大切です。当地域において既に同じ問題が設定されている場合、どのような対策（既存政策）を行っているのか、その結果はどうか、その結果に至った原因は何か、など既存政策の評価・分析を行います。

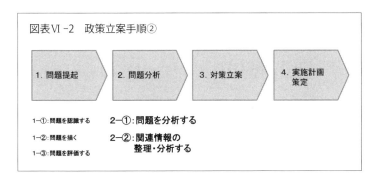

図表Ⅵ-2　政策立案手順②

《コラム》
ローカルナレッジを活かす

　住民や現場からの情報は効果的・実現可能な政策立案に役立ちます。地元、現場の人々の知識や情報はローカルナレッジ[68] と呼ばれます。一般的な理論や普遍的な知識を専門家が提供するのに対して、地元住民や現場担当者が持つ知識がローカルナレッジです。ローカルナレッジは地域の政策形成のための有効な資産です。

３．対策を立案する

（１）対策立案の目的

　　　対策立案の目的は、当地域が直面している問題を解決できる政策（対策）の策定です。立案する政策（対策）は、問題解決に効果的、かつ実現可能な内容が求められます。特に、絵に描いた餅を避けるための実現性の視点からの立案は実務において重要です。

（２）具体的な手順

　　［手順３－①：目標を設定する］

　　政策（対策）を立案する前に目標を設定します。目標とは問題が解決された姿（到達点）であり、その表現は（ア）何（指標）、（イ）どの程度（達成水準）、（ウ）いつまで（期限）で表します。

　　［手順３－②：政策代替案を立案する］

　　政策（対策）案は対象（誰）を前提（例えば、就業支援の対象者であれば、定年退職したシニアなど）に、その対象の特性やニーズに適した複数の政策案（代替案）を創り出していきます。

　　創り上げる政策（対策）案の内容は複数の代替案を比較できるように共通の項目について記述します。その項目は代替案の中から最適な案を選択するためにも評価基準の視点から設定されます。例えば、評価基準が（ア）成果（問題解決度）、（イ）成果対費用、（ウ）実現性であれば、これらの基準で代替案を比較、検討し、選択するために、代替案毎に必要な項目として、（ａ）政策内容、

（b）期待成果、（c）費用、（d）リスクとその対応策となります。

☞V章- 4（対策の効果性を高めること）、5（対策の実現性を高めること）

［手順3 - ③ 代替案を評価し、最適案を選択する］

代替案を比較し、実施する対策案を選択します。選択のための多面的な評価基準[69]はありますが、特に重要な視点は、「効果性」と「実現性」の視点です。

［手順3 - ④ 推進体制を構築する］

推進体制構築の目的は、立案した内容を実施するための活動を最も効率よく行える推進体制にすることです。推進体制では成果を出すために最適なメンバー構成と、それぞれの役割や責任の所在の明確化が重要です。これらを明らかにすることはメンバーの役割意識や責任感を高めます。

推進体制の要件としては、（ア）実施する組織、所属メンバーは適切であるのかです。次に、（イ）参画者の役割分担が適切であり、明確になっていることなどが挙げられます。なお、立案と実施が異なる場合は、（ウ）両者のコミュニケーションが適切に行われるようにすることも重要です。

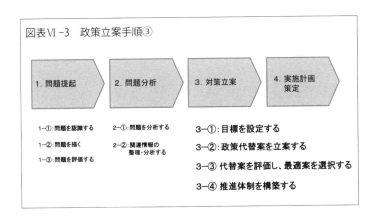

図表VI -3　政策立案手順③

1. 問題提起　2. 問題分析　3. 対策立案　4. 実施計画策定

1-①：問題を認識する　2-①：問題を分析する　3-①：目標を設定する
1-②：問題を描く　2-②：関連情報の整理・分析する　3-②：政策代替案を立案する
1-③：問題を評価する　　3-③：代替案を評価し、最適案を選択する
3-④：推進体制を構築する

４．実施計画を策定する

（１）実施計画策定の目的

　　　　実施計画策定の目的は、目標達成への効果的・効率的な道筋を明らかにすることです。誰が、何を、いつまでに仕上げるのかを明確にしておく必要があります。そうでないと活動が始まっても、一部の活動が重複したり、順序を飛ばして逆戻りが起き、費用がかさむだけでなく、納期遅延も起きかねません。

（２）手順

　　　［手順４−①：活動項目を洗い出す］

　　　　対策を実施する際の具体的な活動を全て洗い出します。

　　　［手順４−②：活動項目を時系列順に整理する］

　　　　洗い出した具体的な活動を時系列順に並べ替えます。

　　　［手順４−③：具体的活動別の活動期間を決める］

　　　　活動別の期間（始まりと完了）を見積もります。

　　　［手順４−④：活動別の担当者を決める］

　　　　活動別の担当者を決めます。

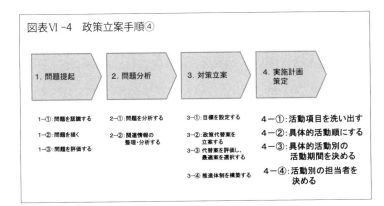

図表Ⅵ-4　政策立案手順④

1. 問題提起	2. 問題分析	3. 対策立案	4. 実施計画策定
1-①：問題を認識する	2-①：問題を分析する	3-①：目標を設定する	4-①：活動項目を洗い出す
1-②：問題を描く	2-②：関連情報の整理・分析する	3-②：政策代替案を立案する	4-②：具体的活動順にする
1-③：問題を評価する		3-③：代替案を評価し、最適案を選択する	4-③：具体的活動別の活動期間を決める
		3-④：推進体制を構築する	4-④：活動別の担当者を決める

《コラム》

実施計画の策定と活用の効用

　実施計画の策定と活用の効用としては次の5つが挙げられます。まず、（ア）効果的、効率的な業務遂行による経営資源の有効活用が可能であることです。活動が順序立てて進めることができ、時間の有効活用ができます。活動計画から見えてくる活動毎の間に生じるスポット時間は今後の活動準備や遅延対策などにも活用できます。次に（イ）活動・業務への動機づけが可能であること。メンバーは計画が表す＇成果実現への道筋＇によって実現への意欲が高まるとともに、実施計画表に表記される個々の活動納期目標により時間意識を持つことができます。そして、（ウ）全体的視点から活動の管理・調整が可能となること。全体の工程が可視化されていることから、全体的視点から活動の管理・調整が可能であることなどが挙げられます。また、（エ）目標実現に向けて機動的、柔軟な対応が可能となることです。実施中は計画段階の活動計画と実績を比較しながら進捗状況が確認できるので、目標実現に向けて機動的、柔軟な対応が可能となります。最後に、（オ）次の計画がより効果的な内容になることです。活動完了後、計画と実績の差異からは、計画の不十分さについて具体的な振り返り（評価）ができ、次の計画活動に活かせることなどです。

５．企画書を作成する

（１）企画書作成の目的

　　　　企画書を作成する目的は提案内容についてステークホルダーと共有し、実施への承認を得るためです。企画書そのものは目的達成のコミュニケーションツールです。

　　　　企画書の内容は、手順１．から４．を通じて整理した内容をまとめます。途中で迷いが生じた場合や完成後の内容確認は、常に、１．の「何を解決したいのか」を拠り所とします。

（２）企画書の項目

　　　　企画書の基本的な項目は、①テーマ、②問題、③問題分析、④対策、⑤成果（目標）対費用見積もり、⑥リスクと対策、⑦推進体制、⑧実施計画、⑨添付資料（分析の詳細内容、参考文献）です。

（３）内容を磨き上げる

　　　　書き上げた企画書を次の３つの視点から確認しながら磨き上げます。（ア）問題は当地域にとって重大（深刻）なのか、それはなぜか（どのような根拠に基づいているのか）？（イ）この政策（対策）で問題は解決できるのか、それはなぜか（どのような根拠に基づいているのか）？（ウ）対策は当地域で実現可能なのか、それはなぜか（どのような根拠に基づいているのか）？

　　　　そして、全体的に筋道が通るストーリーになるように仕上げていくことは、ステークホルダーに理解・共感を得られる内容となるとともに、プレゼンテーションでの説明と質疑応答に役立ちます。

6．プレゼンテーションの準備をする

（1）プレゼンテーションの目的・目標の明確化

　　　　プレゼンテーションの目的（何のためにプレゼンテーションを行うのか）と目標（プレゼンテーションが終わった時に、何が達成されていなくてはならないのか（例えば、企画案が承認される）を明確にします。

（2）準備のポイント

　　　　プレゼンテーションを通じて提案内容を説明し、それに対する質疑応答に備える上で、特定政策に対する反対の背景にある " 3 つのギャップの存在と対応 "[70] は参考になります。

　　①認識ギャップ

　　公共的問題が存在するということを認識しているかいないかのギャップ（問題認識の差）です。どんな大きな問題でも関心のない人にとっては問題ではありません。このギャップを解消するには対象となる問題について十分な情報を提供することです。

　　②評価ギャップ

　　それがなぜ、どの程度問題なのか、その対策がどの程度重要なのかという判断のギャップ（問題評価の差）です。解消には、まず情報提供や説得を行いますが、それでも無理な場合は、最低限度、両者の異なる評価がともに存在することだけは認知してもらう必要があります。

③選択ギャップ

　同じ認識、同じ評価を基礎としながら、政策を採択するかしないかの判断のところで生じるギャップ（前例がない、公平でない）です。このギャップは政策決定者の個々の資質の問題ですから、相手の性向に応じて対応する必要があります。

（3）質問、コメントへの心構え

　プレゼンテーションに対して、聞き手から質問やコメントが出ることは良いことです。それは、聞き手がそのプレゼンテーションに関心を持ち、より深く理解しようとしているからです。従って、質問やコメントに対しては、丁寧に対応することが求められます。

　質問への準備として「想定される質問とその回答案」を作成したとしても、実際の場面では想定外の質問にも直面します。よって、質問に対しては、質問者の意図を正しく理解することに注意を集中し、質問の内容が不明な場合は、「○○という意味のご質問ですか？」というように内容や意図を確認することが大切です。

　また、プレゼンテーションの内容に対して異なった見解などを述べる質問者もいます。この場合、プレゼンターは、そのコメントに対して、改めて自らの考え（主張）を根拠とともに説明します。

〈注〉
65『自治体の政策形成マネジメント入門』での５つのステップを本書では成果実現の妨げとなる
　立案での代表的な３つの「落とし穴」に焦点を当て、それらを理解し、その回避法を実践する
　ために３つに集約しているが、具体的な手順は同じである。
66 自治体によって「事務事業評価」など名称は異なる。
67『自治体の政策形成マネジメント入門』P28、165。本書では、実務においての基準として「重
　大性（地域として放置できない深刻さ）」を説明できるようにすることを重視する。
68 局所的（ローカル）であることを避けることができず、手段に分割できず、現場の状況から分
　離することができない知識」として一般的な理論、普遍的な知識に対して使われると説明した
　上で、現地で経験してきた実感と整合性をもって主張 される現場の勘という補足をしている（藤
　垣 2008）。
69『自治体の政策形成マネジメント入門』P208
70 阿部（1998）

【提案編：アウトカム重視の政策立案と評価へ】

Ⅶ. 政策の実効性（効果性・実現性）の高め方とそのツール

　激しく環境が変化する中で複雑な公的問題を解決するには立案だけでは限界があります。成果（アウトカム）の実現には、質を高めながら立案した政策とともに、その実施内容を適切に評価し、そこから政策を改良して成果（アウトカム)へ前進するPDCサイクル[71]を展開することが効果的です。そして、政策を改良するための評価を行うには、それが可能となる立案内容にしておくことが必須です。

　こうした成果（アウトカム）実現へのPDCサイクルを効果的に展開するための立案内容に仕上げ、政策を改良する評価を行うためのツールとして「アウトカム・パス」の活用を提案します。

1．政策の実効性（効果性・実現性）の高め方

（1）立案（仮の答）の精度を高める

　　政策は地域の問題を解決するための手段です。立案された政策
（対策）は、多様な分析や検討を経たとしても、仮の答（この政
策を実施すれば、多分、問題は解決するだろう）です。ただし、
仮の答であっても、その精度を可能な限り高めておくことができ
れば、政策実施での実効性（効果性・実現性）を向上させること
ができます。

（2）実施後に仮の答を検証し、政策を改良する

　　立案内容は仮の答ですから、政策（対策）の実施において、そ
の効果性・実現性を評価しなければなりません。もし、政策が問
題解決に有効でないと判断された場合は、より良い政策内容への
改良が必要です。中止する選択もありますが、立案段階で多面的
な分析を行い効果性・実現性を高めた政策は改良しながら解決し
たい問題解決に適した手段に作り上げていくほうが現実的な選択
肢です。

　　Ⅴ章とⅥ章で説明した内容で立案した政策であれば、中止や新
たな政策づくりではなく、不十分な点を特定し、それを踏まえて
見直すことのほうが、着実な問題解決につながります。ただし、
政策を改良できる評価をすることが必要です。そのためには評価
において、立案された政策内容の不十分な点が明らかになるよう
にしておかなければなりません。例えば、実施段階での失敗原因
を特定できるような立案内容にしておくことです。立案段階で政

策（仮の答）の精度を高めるのは、こうした政策内容に仕上げる
ためでもあります。

（3）成果への PDC サイクル

　　（1）と（2）による PDC サイクルを通じて政策が改良され続
けることは、問題を解決できる手段である政策の実効性を高めて、
成果（アウトカム）へ着実に進むことになります。こうした成果
（アウトカム）への PDC サイクルが有効に展開できるようにする
ためには、そのスタートである立案された政策（仮の答）の内容
とその質が重要となります。

２．立案内容の実効性（効果性・実現性）を高めるツール
　：「アウトカム・パス」

（１）成果（アウトカム）への道筋を描く

　　成果（アウトカム）を実現できる政策の実効性を高めるためには、まず、政策内容が、どのように成果（アウトカム）へ到達するかの道筋を明らかにすることからはじめます。そして、その道筋の精度（確かさ）を高めていきます。そのためには、まず手段である政策から目的である成果（アウトカム）への道筋を見える化することが効果的です。見える化された道筋を活用して、政策の実効性を高めていきます。

（２）成果への道筋を描くツール：「アウトカム・パス」

　　手段である政策から目的である成果（アウトカム）の道筋を描いたものを「アウトカム・パス（アウトカムへの経路）」と呼びます。アウトカム・パスは、立案した「政策がどのようにアウトカムに到達するかの道筋とその根拠を見える化したもの」です。

　　アウトカム・パスを描く目的は、（ア）問題解決の対策としての政策の効果性・実現性を高めるとともに、（イ）ステークホルダーへ説明し、共有するためです。そして、アウトカム・パスは、立案段階での政策の精度を高めるだけではなく、（ウ）実施で検証し、政策を改良するためでもあります。アウトカム・パスはPDCを適切に推進しながら着実に成果（アウトカム）に前進するためのツールです。

（3）アウトカム・パス活用の基本的な進め方

　　　　政策形成のツールであるアウトカム・パスの活用概要は以下の
とおりです。

　　　①政策（対策）から成果（アウトカム）への道筋を描きます。
ただし、その道筋が粗く（不明瞭）ならないようにきめ細かく、
丁寧に描きます。

　　　次に、②道筋の精度（確かさ）を高めるために必要なデータを
集め、その道筋の根拠をデータで確認（検証）しながら立案内容
を固めていきます。

　　　①、②を通じて立案された政策内容は、根拠となるデータ・情
報などに支えられ、その精度は高まっているとは言え、仮の答え
です。よって、③政策の実施を通じて、立案での仮の答を検証し
ながら対策の効果性・実現性を評価し、④評価結果から対策の改
良を行います。

　　　こうして①から④を効果的に展開し、繰り返しながら成果（ア
ウトカム）に向けて着実に前進していきます。

図表Ⅶ-1　アウトカム・パスの活用方法

①政策（対策）から成果（アウトカム）への道筋（→）を組み立てます。

②道筋（→）の確かさを高めるためにデータで確認（検証）しながら立案内容
　を固めていきます。

③実施を通じて、立案での仮説を検証しながら対策の効果性・実現性を評価し、

④評価結果から対策の改良を行います。

⑤①から④を繰り返しながら、成果（アウトカム）へ前進していきます。

（4）アウトカム・パスを活用するメリット

　　アウトカム・パスは実効性のある政策を立案するために、成果への道筋を具体的に見える化したものです。アウトカム・パスを活用するメリットとしては、まず、「立案段階」では、①担当者が立案した政策の精度を高めます。②担当者が完成させたアウトカム・パス案を政策に直接関わる関係者と共有するとともに、不十分な点を洗い出すことができます。そして、③不十分な点を補うための情報を集め、組み込みながら立案の精度を高めていくことができます。こうして④最終的に立案された政策（対策）の実効性（効果性・実現性）を政策関係者と合意形成することができます。この過程を通じて立案された政策の実効性は向上されます。

　　そして、「実施段階」では、⑤実施中の評価において、現状の到達点をもたらした背景（原因）が具体的に特定できます。立案で想定したことと、どこが、どのように違うのか、想定しなかった‘何’が起きたのかなどが明らかになります。そして、⑥評価から得た情報を活用し、政策の改良ができます。なお、アウトカム・パスは、⑦立案、評価結果についてのステークホルダーへ説明するツールとしても活用できます。

図表Ⅶ-2 「アウトカム・パス」の活用メリット

「立案段階」
①担当者が立案した政策（仮の答）の精度を高めること。
②立案者のアウトカム・パスを関係者と共有し、不十分な点を洗い出すこと。
③不十分な点を補い仮説の精度を高めていくこと。
④完成した政策（対策）の実効性を政策関係者との合意形成ができること。

「実施段階」では、
⑤評価において、現状の到達点をもたらした背景（原因など）が具体的に特定できること。
⑥評価から得た情報を活用し、政策の改良ができること。

「立案と評価の説明」
⑦立案、評価結果についてのステークホルダーへ説明するツールとしても活用できること。

《コラム》
ロジックモデルとプログラムセオリー

　対策から成果へ道筋を描くことやそのツールは、政策立案や政策評価の手法（例えば、ロジックモデル[72]やプログラムセオリー[73]）として紹介されています。図表Ⅶ-3はロジックモデルの事例です。ロジックモデルは、長年、公的問題解決の国際機関などでも活用されてきたとともに、最近はインパクト投資[74]に関連するツールとしても紹介されている手法です。

図表Ⅶ-3 ロジックモデルの例（禁煙プログラム）

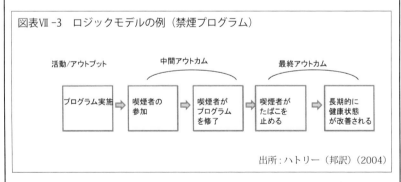

出所：ハトリー（邦訳）（2004）

　図表Ⅶ-4はプログラムセオリーの事例です。作成されたプログラムセオリーは政策がその目標への道筋が描けている「明瞭なプログラムセ

オリー（articulated program theory）」と、そうでない「暗黙（不明瞭な）プログラムのセオリー（tacit program theory）」[75] に分けられます。

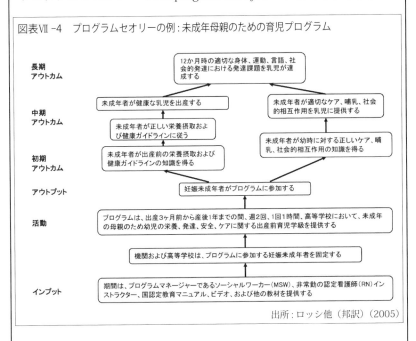

図表Ⅶ-4　プログラムセオリーの例：未成年母親のための育児プログラム

長期
アウトカム

中期
アウトカム

初期
アウトカム

アウトプット

活動

インプット

出所：ロッシ他（邦訳）（2005）

　これらの手法は、政策（対策）と成果の関係性を見える化することで政策の効果性を確認するとともに、ステークホルダーと共有できるツールです。ただし、"一方通行である"とともに、描かれている"内容が抽象的な表現"のため、「一般論的な流れ」、「楽観的な流れ」と指摘されています。例えば、「プロセス」から「活動結果」を経て「成果」へ向かう道筋（手段→目的）ではなく、「成果」から「プロセス」への道筋（目的→手段）から見ると項目間のつながりが曖昧であることが見受けられます。よって、道筋（→）が、'はずだ'や'だろう'ではなく、'確かさ'の検証が必要であり、ステークホルダーが納得できる根拠を示すことが必要です。

　こうして手法を使い、見える化したとしても、経験による限られた情報や思い込み、かつ楽観的に作成されたならば、問題解決に適した対策

にはなりませんし、ステークホルダーから理解も、共感もされません。
地域問題を解決するためのツールを活用する場合は、一般論ではなく、
「（ア）各項目がより具体的に表現され」、「（イ）項目間の道筋が具体的
につながっており」、「（ウ）道筋の実現性の確かさが高い」と共有でき
る表現であることが求められます。

　なお、ロジックモデルでは、図表Ⅶ－5のように道筋に目標値を設定
して、道筋上の項目毎に管理する活用方法があります。

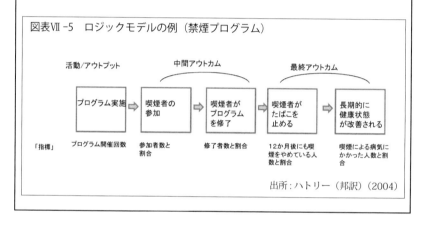

図表Ⅶ-5　ロジックモデルの例（禁煙プログラム）

出所：ハトリー（邦訳）（2004）

実務で活かすポイント
アウトカムへの道筋は、"確かさ"を高めることが重要

　アウトプットを目標とした道筋であれば、一方通行でもよい場合があります。なぜなら、アウトプット目標の実現には自己コントロールできる部分が多い場合があるからです。

　一方、成果（アウトカム）目標へは、成果（アウトカム）実現に影響する要因が多くあり、かつ中にはそのリスクを想定することが困難な場合も多いため不確実性はアウトプット目標に比べ、高くなります。よって、アウトカム目標への道筋は、A→Bとなる根拠をできる限り明らかにして、つながりの"確かさ"を高める必要があります。

〈注〉
71『自体体の政策形成マネジメント入門』P170
72『自体体の政策形成マネジメント入門』P194
73『自体体の政策形成マネジメント入門』P197
74 経済的利益の獲得に加え、社会的な課題解決を目的とする投資
75 ワイス（2014）

Ⅷ. ケーススタディに学び、実践に活かす

　「Ｔ市のごみ削減プログラム」[76] 事例の内容をもとに、アウトカム・パスの活用方法について解説します。また、事例から学び、実践に活かすべきアウトカム実現に必要な取り組みをまとめます。

1．事例の概要

　①東南アジアＴ市では経済成長とともに、ごみの量が増大していた。ごみの廃棄場所も限界があり、自治体はゴミ急増への対応を迫られていた。住宅街での非効果的な下水道システムとともにごみ廃棄場所が少ないため、ごみの収集は毎日、行われている。高温のため、特に生ごみは速く腐る。健康、衛生面から、過去40年間、ごみは毎日収集されている。

　②市の担当者が目指したのはごみ量の削減である。そのために、火曜日のごみ収集を中止することにした。このプログラム立案の背景を市の担当者にインタビューをした研究者は次のような報告をしている。このプログラムを行うことで、ガレージや裏庭を持たない多くの家庭は火曜日のゴミは各家庭内に保管しなければならなくなる。そうなると住民は不便さと悪臭による不快さを経験することになる。この経験が住民に対して、ゴミ問題を意識づけするきっかけになり、住民がゴミを減らすようになるだろうという期待から立案されたプログラムであった。

　③プログラムの内容は、火曜日のごみ収集を中止する他に
（a）プログラムについて多くのメディアを活用し、周知した。
（b）違反者を防止するために担当部門のスタッフが火曜日に各廃棄場所や各商業ゴミ廃棄場所をパトロールした。
（c）プログラムの規則違反者や道路などへ不法投棄した者へ罰金（日本円で約二万円）を科すこともした。そして、プログラムが開始された結果、火曜日にはごみ廃棄所に出されたごみは無かった。しかし、研究者達が行ったインパクト分析[77]結果では、こ

のプログラム実施の前後での収集されたごみの量に変化はなかった。

　④研究者達は何故、ごみの量が変化しなかったかの理由の調査を行った。研究者達による100人の住民へのインタビュー結果は、93％が火曜日にごみを保管しても不便さは感じなかったということであった。また、97％は生ゴミの異臭もなかったということであった。更に、研究者は興味深い発見もしていた。インタビューを受けた住民は生ごみをプラスティックのバックに入れ，ゴムバンドや紐でしっかりと気密していたのである。

　⑤もし、このプログラムのインパクト分析の調査結果がなければ、このプログラムは成功として取り扱われたかもしれない。なぜなら、活動結果（火曜日には、ごみ廃棄所にごみは無かった）を見る限りは成功のように映るからである。さらに投入資源の視点からは、担当部門は多額の金額を投入し、職員もプログラムの周知や不法者のパトロール等活動を行った点では予算は十分消化されたと推察すれば、予算面からもこのプログラムは今後も継続された可能性はある。当事例は、評価する対象が重要なことも示している。

２．事例におけるアウトカム・パスの活用方法

　事例の内容をもとに立案でのアウトカム・パス活用方法を解説します。

（ア）担当者が発想した成果への道筋
　「火曜日のごみ収集を止める」という対策から成果への基本的な道筋を描くと下図のようになります。

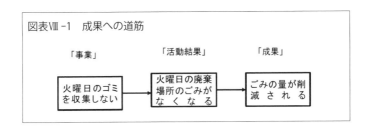

図表Ⅷ-1　成果への道筋

（イ）道筋通りになると考えた理由
　まず、担当者が（ア）の道筋通りになると考えた理由は、「1.事例の概要」の②に記載されている内容であり、それを図表Ⅷ-1に加えると図表Ⅷ-2となります。また、住民がごみを自宅に保管する（火曜日にごみをごみ廃棄所に出さない）ために「1.事例の概要」の ③に記載されている (a) ～ (c) の３つの業務を行いました。

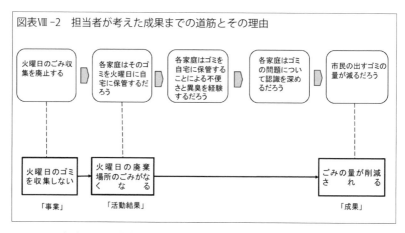

図表Ⅷ-2　担当者が考えた成果までの道筋とその理由

（ウ）手段（A）と到達点（B）とその理由（E）づけを描く

　　図表Ⅷ-2の内容を担当者のめざした道筋と（A→B）と、それが道筋とおりになると考える理由（E）を描くと図表Ⅷ-3のようになります。

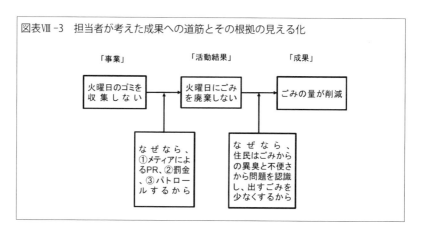

図表Ⅷ-3　担当者が考えた成果への道筋とその根拠の見える化

　　なお、活動結果と成果に目標を設定すると「活動結果（アウトプット）目標」は、「火曜日のごみ廃棄所のごみが無い状態（収集したごみ０トン）」、または、「火曜に出すごみの自宅保管率100％」となり、「成果目標」は、「ごみの量○トン（％）削減」

となります。

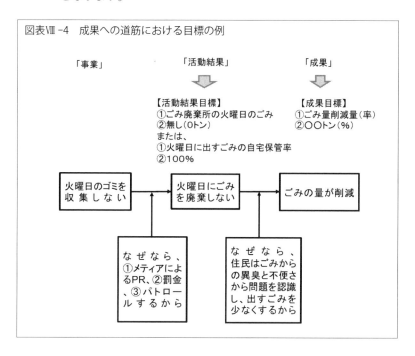

図表Ⅷ-4　成果への道筋における目標の例

3．ケーススタディから学び、実践に活かしたいこと

　ケーススタディでの立案についての取り組みから学び、実践に活かしたいこととして次の7つが挙げられます。

①仮説を検証すること

　立案者は、対策の効果性についての自分なりの考えは持っていました。'見える化'はしていなくとも手段から成果までの道筋（プログラムセオリー）は考えていたと読み取れます。しかし、自分の考え（仮説）の確かさを確認（検証）しませんでした。もし、自分の考え（仮説）を確認（検証）していれば、事前にプログラムの核となる部分が「考えたようにならない」ことは理解できたはずです。

　その理由は「1.事例の概要」の④に記載されているように、インパクト分析の後、研究者が行ったインタビュー結果から担当者が考えた「不便さと異臭」について住民は実感していませんでした。もし、事前（立案段階）に同様の情報収集（例えば、観察、インタビュー、アンケートなど）を行っていれば自分の考え（仮説）たようには住民が動かないことが把握できた可能性は高いと考えられます。たとえ、観察、インタビュー、アンケート等ができない場合でも、モデル地域で実施（社会実験）をして仮説を検証することができたはずでした。

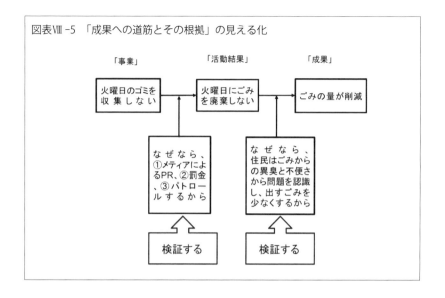

図表Ⅷ-5　「成果への道筋とその根拠」の見える化

②経験や直感への過度な依存は避けること

　担当者の立案は、限られた経験による思い込みに基づいた内容
でした。経験からの仮説では限界があることについては、インパ
クト分析結果（ごみが減らなかったことが判明）後、研究者から
立案者に行った調査結果が示しています。上記の「1. 事例の概要」
には記載していませんが、研究者が立案者に「なぜ、あのプログ
ラムでごみが削減されると思いましたか？」と質問をしています。
それに対して立案者は「今までの経験と勘」と回答していること
が原文に記載されています。

　事例では、成果（アウトカム）は実現できませんでしたが、「火
曜日のごみ廃棄所にごみがない状態（活動結果目標）」は達成で
きました。その背景には、担当者の取り組んだ３つの業務（「1.
事例の概要」の③）があります。そして、これら３つは担当者の
経験によるものと読み取れ、「経験や直感」が、全く否定される
ものではないことが言えます。しかし、事例では、政策を通じて

実現したい成果（アウトカム）には経験や直感を根拠とした対策は効果がありませんでした。

③問題についての多面的な分析を行うこと

　事例において、考えられる分析としては、ごみの実態分析、ごみ問題意識調査、他都市の成果事例研究などが挙げられます。こうした分析をしていれば、他の対策案が立案された可能性がありました。

④１つの案だけに固執せず、異なる対策を検討すること

　目的がごみの量を減らすためであれば、ごみ有料化など他の方法も検討できましたが、担当者は火曜日のごみ収集を止めることだけを行いました。

⑤道筋を描く場合は、きめ細かく描き、その成果を確認すること

　立案者の道筋を丁寧に描くと、ごみを減らす行動へつながる途中の到達点として「住民のごみ問題への意識変化」が組み込まれていました。当プログラムの途中の到達点として、住民の意識を変えることができれば、行動変容が可能と考えていました。これが組み込まれていることで、自宅へのごみ保管（収集をしない）とごみ削減とのつながりがわかりやすくなっています。

　こうして道筋を丁寧に描くことで対策と成果がつながりやすくなり、対策の効果性・実現性が高まるとともに、それを見たステークホルダーの納得度が高まります。

　なお、意識変化を成果へつながる１つの到達点とした場合、実施した結果、事例では住民の意識変化度は記載されていませんが、どう変化したかを測定すれば、その結果を次に活かすことができました。

⑥アウトカム実現につながる代替案を検討すること

　担当者が考えた成果への道筋の中には、「住民の意識変化」が
ありました。これが変化すれば成果に近づくという考え方です。
「住民の意識変化」を入れることで対策の多様性が広がります。

　事例では、この住民の意識を変えるための対策として、ごみ収
集日を減らすことで住民に不便さや異臭さを体験させることを期
待しましたので、ごみへの意識を変えるために別の方法を実施す
れば、結果は異なっていたかもしれません。

⑦成果への道筋は具体的な業務までを描くこと

　担当者は具体的な活動（手段）から成果（アウトカム）への道
筋を考えていました。成果（アウトカム）につながる活動結果（ア
ウトプット）目標である「火曜日のごみ廃棄所にごみが無い状
態」を実現するために３つの業務までのつながりまで描いていま
した。具体的な業務群まで描くことで、すべき業務や分担が明確
になるとともに、また具体的なリスク対応も可能となり、実現性
が高まります。また、業務別の費用見積もりも具体的に行え、成
果対費用の見積もりの精度が高まります。

図表Ⅷ-6　事例での立案の取り組みから学び、活かしたいこと

　①仮説を検証すること

　②経験や直感への過度な依存は避けること

　③問題についての多面的な分析を行うこと

　④1つの案だけに固執せず、異なる対策を検討すること

　⑤道筋を描く場合は、きめ細かく描き、その成果を確認すること

　⑥アウトカム実現につながる代替案を検討すること

　⑦成果への道筋は具体的な業務まで描くこと

〈注〉
76 当事例は「Chen, Huey-Tsyh, & Wang S. Juju, & Lin Lung-Ho,. (1997). Evaluating the process and outcome of a garbage reduction program in Taiwan, Evaluation Review, Vol.21 No1, 27-43.」をベースにしている。
77 目的の実現度からの分析（当ケーススタディではアウトカム分析と同じ意味）

IX. アウトカム・パスを活用した政策立案と評価

　地域の問題を解決（アウトカム実現）するために政策の実効性（効果性・実現性）を高めるためのツールである「アウトカム・パス」をどのように政策立案と評価に活用するのかについて説明します。

1．アウトカム・パスを活用した立案の進め方

　　担当者による原案の作成と、原案の質を関係者間で磨き上げる
プロセスにおけるアウトカム・パスの活用方法を説明します。

（1）担当者による原案の作成
①問題に対する対策案の作成
　　アウトカム・パスの作成は、Ⅵ章－3の手順3－③「代替案を
評価し、最終案を選択する」で選択した対策内容で作成します。

　②成果への道筋を描く
　　A→B（→C→D）の道筋をきめ細かく描きます。（参考：図
表Ⅷ－1または2）

③道筋の精度を高める：なぜ、その対策は効果があるのか（効果
性の観点）
　　A→Bと考える理由（根拠）をそれぞれの「→」ごとに描きます。
例えば、AがBにつながる（A→B）と考える理由（E）を描きます。
（参考：図表Ⅷ－3）
　　理由には分析結果を活用します。つながらないようであれば別
の案を検討します。A→Bとともに、それに対するEの関係性
を具体的に描くことで、その対策の問題解決への効果性を高めま
す。

④道筋の根拠について検証する

　A→Bとなる理由（E）について検証します。理由（E）は分析結果からの情報を用いますが、理由付けが弱い場合は追加調査を行います。

⑤実践上のリスクを洗い出す：その対策は実現できるのか（実現性の観点）

　A→Bの道筋について、現場での実現性を検討します。そのためにAの実施を通じて、Bの実現を阻害する要因として想定されるリスクを洗い出します。

⑥リスクへの対策を組み込む

　　⑤で洗い出したそれぞれのリスクを評価し、対策を立てます。対策には事前に対処するか、または、問題が生じた時の対処法があります。☞Ⅴ章-5（対策の実現性を高めること）

⑦全体の整合性を確認し、「アウトカム・パス案」を完成させる

　　⑥までの内容を書き込み、担当者が考える「アウトカム・パス案」を完成させます。図表Ⅸ-1は、事例と同様に1つの事業に焦点を当てたフレームです。

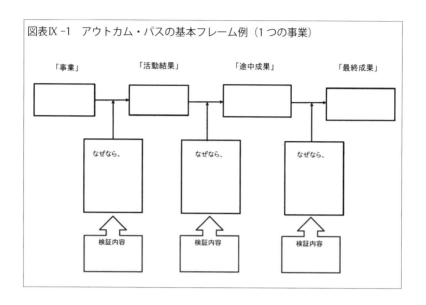

図表Ⅸ -1　アウトカム・パスの基本フレーム例（1つの事業）

⑧アウトカム・パス上に目標を設定する

アウトカム・パス上に活動結果目標、成果目標を設定します。

（参考：図表Ⅷ- 4）

実務で活かすポイント

アウトカム・パス手法の活用場面

アウトカム・パス手法は、対策立案（Ⅵ章－手順3- ③の中の「選択された対策」）に対して使う手法で、立案内容の質（効果性と実現性）を高めるための手法です。なお、代替案ごとに活用（手順3- ②）することで、その代替案評価にも使えます。

（2）関係者間で改良し、合意する

⑨関係者間で「アウトカム・パス（案）」を共有し、改良する

　⑨では、まず担当者から完成させた「アウトカム・パス案」を関係者に見せながら説明します。次に関係者（専門家、サービス提供者、受益者など）間でのディスカッションを通じて、政策内容（道筋や目標）を精査しながら改良点を加えます。

⑩改良したアウトカム・パスを関係者間で合意する

　⑨で完成させた「アウトカム・パス」について関係者間で合意します。この内容を基準に関係者それぞれの役割分担別に個別活動計画を立てていきます。

図表IX-2　アウトカム・パスを活用した立案の進め方

（1）原案の作成
①問題設定と対策案の策定
②成果への道筋を描く
③道筋の精度を高める
④道筋の根拠について検証する
⑤実践上のリスクを洗い出す
⑥リスクへの対策を組み込む
⑦全体の整合性を確認し、「アウトカム・パス（案）」を完成させる
⑧アウトカム・パス上に目標を設定する

（2）関係者間で改良し、合意する
⑨関係者間で「アウトカム・パス（案）」を共有し、改良する
⑩改良した「アウトカム・パス」を関係者間で合意する

（3）政策立案での「アウトカム・パス」の活用ポイント

　　　　政策立案での「アウトカム・パス」作成の目的は、成果（アウトカム）と政策（対策）のつながりと根拠を「見える化」し、立案した政策（対策）が問題解決へつながっていることを明確化し、ステークホルダーと共有するためです。この目的のための基本的な手順毎のポイントは次のとおりです。

①成果までの道筋をきめ細かく描くこと

　まず、ロジックモデル、プログラムセオリーなどと同様に対策から最終成果までの道筋を描きます。なお、対策から最終成果に至る"道筋を具体的、きめ細かく、丁寧に"描くことを重視します。

②手段（A）が到達点（B）につながる理由（E）を示すこと

　立案段階では、Aを行えばBになる（A→B）は'そうなるハズだ'です。よって、なぜ、A→Bになると考えるのかの理由（根拠）を示しておきます。一方通行では"机上の楽観的な道筋"と映る場合があります。そこでA→Bとなる理由E（根拠）を示すことで、A→Bの「確かさ」を補強します。また、根拠があることでステークホルダーの納得度が高まります。根拠となるデータ・情報には、質が高い内容を使います。

③効果性と実現性を分けて確認すること

　立案上、効果がありそうでも、実現できるかどうかは別です。実現性を確認しないと絵に描いた餅になってしまいます。よって、効果性だけではなく、現場環境、対象者の特性などから実現性についての検討が必要です。

　立案された政策における効果性と実現性について、図表Ⅶ—３の「未成年母親のための育児教育プログラム」を使い、説明します。

　まず、この事業の効果性については、立案者が描く「→」が、なぜ、そう言えるのかの理由が不明瞭のため、このプログラムの効果性が伝わりにくい内容となっています。

　一方、実現性の観点から最も危惧されることは、「対象者は本当に参加するのか」です。当事例に関連する事業において、現状、多くの専門家が現場で悩んでいるのは、プログラムを周知してもターゲットが参加しないことです。

　この事例で実現性を高めるためには、「対象者が参加しないかもしれない」というリスクに対しての方策を立てることです。その対策をこのプログラムセオリーに組み込むことができれば、描かれている内容の成果（最終アウトカム）への実現性は高まります。

　対策から最終成果までの道筋を見える化することは大切ですが、その効果性・実現性を高める根拠となる内容も組み込んでおくことが重要であり、目的に適した活用ができます。

図表Ⅸ -3　アウトカム・パスの活用ポイント

①成果までの道筋をきめ細かく描くこと

②手段（A）が到達点（B）につながる理由（E）を示すこと

③効果性と実現性を分けて確認すること

実務で活かすポイント
「アウトカム・パス」の作成に多大な時間をかけない

　アウトカム・パスの活用は、成果（アウトカム）実現のためですが、この作業に多大な時間をかける必要ありません。アウトカム・パスの作成自体は、道筋を描き、最小限の根拠を「見える化」することを重視します。現状、データ収集や分析に慣れていない担当者では、データ収集・分析に時間やコストがかかるだけではなく、そこから得た情報を有効に政策形成に活かせるとは限りません。

　経験や直感に頼らず、利用可能な客観的なデータを活用しながら、成果（アウトカム）への道筋と根拠を見える化することで、立案者だけではなく、関係者と一緒に検討しながら対策の質を磨き上げることを重視します。

　現状、時間をかけるべきは、アウトカム・パス作成ではなく、描かれたアウトカム・パスを活用し、関係者間で共有し、内容を磨き上げていくプロセスです。

2. 政策評価にアウトカム・パスを活用する

（1）立案内容は評価が必要

　　　立案された政策はあくまでも"仮の答"ですから、実践の過程において、立案で想定していないことも起こり得ます。実施段階で目標と実績の差異が生じていることは、立案（計画）段階では'できるはず'と考えていたことが'できていない'ことや、そもそも想定していなかったことが起きていることになります。そこで評価を通じて、立案での仮の答と実際に起きたことを比較することから得た情報を活かして政策を改良します。

（2）立案での仮の答を検証する

　　　アウトカム・パスの構築は立案された政策に自らが腑に落ち、また、ステークホルダーに納得してもらうとともに、評価にも役立ちます。立案時に期待した通りの結果が出ていない場合、アウトカム・パスの内容と実施において起きている現状との差異とその原因が政策の改良へのヒントになるからです。

　　　立案段階で描いた道筋があることで、評価によって政策が改良され、次の計画につながり、成果実現へ向けて着実に前進することができます。

（3）ケーススタディの評価から学ぶべきこと

　　　Ⅷ章のケーススタディ内で実施された評価から学ぶべきことは2つです。1つ目は、「（ア）アウトカムの視点で評価をしたこと」です。事例ではインパクト分析という名称で研究者が行いました

が、「ごみを減らす」目的の達成度を評価したアウトカム視点で評価したことは学ぶべきことです。Ⅷ章の「1. 事例の概要」の④に記載されていたようにアウトカム視点での評価がなければ、効果のないプログラムが継続された可能性があります。なぜなら、活動結果（アウトプット）目標は達成していたからです。それは"見える結果"（火曜日のごみ廃棄所にはごみは無かった）であり、効果のないプログラムが継続する危険がありました。よって成果（アウトカム）評価をすることが重要です。

　2つ目は、「（イ）次の活動につながる評価をしたこと」です。活動結果（アウトプット）目標は達成できましたが、成果（アウトカム）として期待されたごみは減りませんでした。その後、研究者が取り組んだ住民へのインタビューから判明したことは、担当者が立案で想定していた前提（各家庭にはごみ保管スペースがないことや気密性のあるごみ袋がない）が整っていなかったことです。これにより成果（アウトカム）が実現できなかった要因が明らかになりました。

　評価から得ることができた情報は、次の活動に活かせる貴重な内容でした。インパクト分析の後、担当者の仮説にもとづき、住民へのインタビューをすることで仮説を検証できたとともに、政策を見直すための情報を得ました。こうした次の活動へつながる評価を行ったことは学ぶべき内容です。

（4）ケーススタディの評価から実務に活かすこと

　（3）に挙げた2点は、学ぶだけでなく現状の形式的評価から脱却するためにも実務に活かすべきことですが、現場ですぐに実践可能な後者の「（イ）次の活動につながる評価をしたこと」からはじめることを勧めます。

　インパクト分析の後、研究者が住民に行ったインタビューは、

担当者の仮説の検証をすることでした。結果的に仮説は否定され
ましたが、仮説があったことで失敗の原因特定ができました。そ
して、インタビューを通じて得られた生活者の生の声からの情報
は、プログラムの改良案、または別の対策づくりのヒントになっ
たはずです。このような情報を活かすことは実態に即したプログラ
ムの改良を可能にします。

　事例の場合、もし、立案段階で対策と成果への道筋を考えてい
なければ、失敗しても、その理由は不明であり、プログラムを改
良する情報は得られませんでした。結果、今後も経験と直感を重視し
た実効性の弱い政策を立案し続けた可能性があります。

　複雑で解決が困難な公的問題には、評価から次の活動へつなげ
て着実に成果（アウトカム）に前進することが効果的です。そうした
評価のためには、立案段階での仮説の精度を高めることに加え、
実施に対する評価を有効に行うことが事例から学び、実践に活か
したいことです。

（5）既存の政策にも活用できる

　アウトカム・パスについて、政策の立案段階での構築と実施段
階での評価から政策改良への活用を説明してきました。ただし、
アウトカム・パスは、政策をよりよい内容に改良することが目的
ですから、既存政策にも活用できます。既存の政策についてのア
ウトカム・パスを描いてみて、その結果から得た情報を活かして
政策を改良することに活用します。

　現状、事業のスクラップ＆ビルドを推進している組織は、既存
政策の効果性・実現性からの点検にもアウトカム・パスを活用す
ることができます。

【手法編：政策形成で押さえておきたい視点・手法】

Ⅹ．実効性（効果性・実現性）のある 政策形成に活かす視点・手法

　本章では、実効性のある政策形成に向けて実務者が押さえておきたい視点や手法について「なぜ、政策形成に必要なのか」、「それらを政策形成の実務で、どのように活かすのか」の視点から説明します。

1．EBPM（Evidence based Policy Making）

　　成果（アウトカム）実現をめざす政策形成に向けて、「EBPM」への取り組みが注目されています。EBPMの考え方や実務での活かし方を説明します。

（1）根拠に基づく政策形成
1）EBPMとは

　　EBPM（Evidence based Policy Making）とは「政策の企画をその場限りのエピソードに頼るのではなく、政策目的を明確化したうえで合理的根拠（エビデンス）に基づくものとすること」[78]や「政策形成にあたってその妥当性や有効性、効果・効率性を具体的・客観的な根拠づけをもって行うこと」[79]などの説明があります。

　　EBPMが注目されている背景には、「これまでの政策立案では、データが軽視され、勘や経験、思い込みなどが政策形成過程で幅を利かせてきたのではないか」[80]という指摘があります。また、社会課題は関係する多彩なステークホルダー間の意見が異なる場合が多く、合意形成が困難であることも客観的なデータなどを根拠にした政策形成が期待されている背景にあります。

2）EBPMの対象は立案と評価

　　政策形成プロセス（PDC）における"エビデンス・ベースト"とは、成果（アウトカム）実現のために、政策立案だけではなく、政策評価での意思決定や、その説明を経験や直感ではなく、"客観的・信頼性の高い根拠"に基づいて行うことの重要性を説いています。

> **実務で活かすポイント**
> ## EBPM は「アウトカム重視」が前提
>
> 　経験や直感に基づく意思決定が地域の問題解決に有効でないことか
> ら、今、注目されている EBPM の考え方に基づいて政策を立案するこ
> とが重要です。ただし、その前提は、立案者が"アウトカム重視"であ
> ることです。それが根拠の質を高めるデータの集め方、分析方法、そし
> て活用の仕方に影響するからです。
> 　地域や組織には"アウトカム重視"の人材がいます。その人達は既に
> EBPM の考え方に基づいて政策形成プロセスを展開しています。

（2）エビデンスとは

　EBPM でのエビデンスは'科学的'[81] で'客観的'な判断材料と
しての活用が期待されています。よって、エビデンスは、基本的
に科学的な方法による体系的な社会調査（リサーチ）に基づいた
内容が求められます。

　EBPM で求めている科学的根拠としてのエビデンスの要件とし
ては、(ア)高い品質や(イ)信頼性があります。品質面では、ステー
クホルダーが納得できる品質が求められます。信頼性では、エビ
デンスを導いた方法が科学的であることが求められています。

　これらの要件を満たすには高度な統計的手法が必要になります
が、実務での活用には、エビデンスとなる情報を生み出す時間や
費用には制約があります。そして、実務者としての政策立案者が
活用できる (ウ) 実用的な内容であることも必要とされています。

　経験や直感への過度な依存を避け、実務においてより適切な意
思決定ができる情報を集め、活かしていく EBPM は地域の問題

解決に有効と考えられますが、EBPM の考え方が求めるエビデンスによる意思決定を実務において実践するには、現状の政策形成の実務環境や担当者のリサーチリテラシーでは限界がある地域・組織は少なくありません。

　EBPM の考え方を推進する場合、地域の政策形成に関わる実務環境の見直しや担当者のリサーチリテラシー強化への取り組みも重要となります。

実務で活かすポイント

'エビデンスを踏まえる（Evidence informed）' こと

　上記（1）と（2）の内容から EBPM で求められるエビデンスは、科学的な社会調査法や、分析方法から導き出されたデータ・情報と言えます。こうしたプロセスを経たデータ・情報は信頼性が高くなります。しかし、現状、EBPM が求めるエビデンスによる意思決定を実務において実践できる実務環境やリサーチリテラシーを持つ担当者がいる地域・組織は多くはありません。ただし、従来の経験や直感に依存する意思決定の継続は避けなければなりません。

　こうした現状に対して、エビデンス・ベーストという言葉が実務での実態との乖離から「Evidence informed」というエビデンスを'踏まえる'、'押さえる'[82] ことも取り上げられています。まずは、経験や直感に過度に依存するのではなく、客観的な情報を重視した政策形成に取り組むことから始めることが大切です。

（3）政策形成での活用

　　欧米諸国では、EBPM を政策形成に活かす取り組みがなされています。例えば、英国では政策立案の際「何が有効か（What works)」が重要視されており、実証的手法によるエビデンス形成が進められています。また、米国では、2016 年に「エビデンスに基づく政策のための委員会設置法（Evidence-Based Policymaking Commission Act of 2016)」が制定され、専門的な検討が行われました。同委員会には、政策決定に関するデータ整備や利用方法、制度化への提言が期待されています。日本では医学領域以外の政策分野での取り組みはまだ少ないのが現状であると報告されています。

（4）医療での EBM（Evidence based Medicine）の取り組み

　　医療分野では 1990 年代半ばから科学的に検証された最新の研究成果に基づいて医療を実践することが推進されています。EBM は最適・良質なエビデンスを体系的に批判的吟味（Critical appraisal）し、個々の患者の意向に配慮しながら適用する手法・方法論[83] であると説明されています。こうした EBM への取り組みや、その中で認識された課題は、他の政策領域の担当者が EBPM を進める上で参考になります。

　　また、EBM でのエビデンスとは臨床研究による実証科学的根拠と訳され、人間集団を対象とした臨床研究による「統計学的根拠」に限ることとされています。そして、EBM の必要性は、安全で確実な医療ニーズの高まりに対して、現状の治療方針の根拠が学問的知識、経験、信念、通念となっている（理論に限界、経験に偏りがある）ことから、臨床研究による実用的な実証報告を活用するのが合理的かつ安全であるという考えが背景にあると説

明されています。

　EBM のフレームワークでは、（ア）目の前の患者さんが抱える問題について、（イ）既にある臨床研究等から、「問題」を「解決する」方法についてのエビデンスを探し出して、（ウ）そのエビデンスを目の前の患者さんに適用するというステップを踏みます[84]。

　EBM でのエビデンスはレベルで分けられています。エビデンス・レベルは、レベルが上がるほどより因果関係があると考えられています。図表Ｘ-１は「診療ガイドライン作成の手引き2014」におけるエビデンス・レベルの例です。

図表Ｘ-1　エビデンスレベルの例

レベル	内容
Ⅰ	システマティック・レビュー／RCTメタアナリシス
Ⅱ	1つ以上ののランダム化比較試験による
Ⅲ	非ランダム化比較試験による
Ⅳa	分析疫学的研究(コホート研究)
Ⅳb	分析疫学的研究(症例対照研究・横断研究)
Ⅴ	記述研究(症例報告やケースシリーズ)
Ⅵ	患者データに基づかない専門委員会や専門家個人の意見

（出所：「診療ガイドライン作成の手引き2014）

（5）EBPM の根拠は "因果関係" を示す情報

　EBPM で求められるエビデンス（根拠）は、基本的に地域の問題解決への政策（対策）を選択するため、そして、ステークホルダーに理解、共感してもらう提案の根拠として因果関係を示す情報が求められます。

　EBPM が影響を受けている EBM でのエビデンスは因果関係を示す情報であり、その強さによりレベル分け（図表Ｘ-１）されています。なお、Ｖ章で立案において根拠が必要な部分として説

明した「問題の重大（深刻）性」は、現在の状況や将来予測を示すデータになりますが、「対策の効果性」については、因果関係を示す情報が求められます。

《コラム》

因果関係を推定する手法：RCT

正確な因果関係を推定できる方法として、「ランダム化比較試験（Randomized Controlled Trial）：RCT」と呼ばれる手法があります。例えば、新薬の効果を測定する場合、新薬を投与する実験グループとプラシーボ（偽薬）を投与する対照グループに被験者をランダム（無作為）に振り分けることでバイアスを避けて、両グループの効果を比較して行うことで因果関係の正確さを評価します。

（6）EBPM の考え方を実務に活かす

　　EBPM（Evidence based Policy Making）の重要性は理解できても、現状の政策形成の実務環境や政策立案者のリサーチリテラシーでは、EBPM を実践できる地域・組織は多いとは言えません。

　　実務での政策形成の立案や評価で重要なことは、政策立案者の主張が（ア）思い込みでなく、事実に基づいていることが伝わることです。また、（イ）立案された政策は仮の答えであることを自覚し、政策を実施したあとの評価を適切に進める政策形成プロセスを行いながら展開することです。

　　こうして、まずは経験や直感を過度に頼らず、対象となっている問題についての客観的な情報・データに基づく意思決定や説明責任を重視する姿勢と取り組みが求められます。社会調査(リサーチ)の方法やデータ分析に慣れていくことで、担当者のリサーチ

リテラシーは高まっていきます。なお、地域・組織としてのデータ収集基盤を整備していくことも必要です。

実務で活かすポイント

EBPM への一歩として「アウトカム・パス」を活用する

（1）～（6）で説明した EBPM をすぐに実践することは困難な地域・組織は少なくありませんが、Ⅶ章で説明した「アウトカム・パス」というツールを活用した政策立案と評価からはじめることを勧めます。

アウトカム・パスを利用し、立案においては、まずは、可能なデータにもとづき、政策（仮の答）の精度を高めます。そして、実施を通じて集めたデータを活かした評価から政策を改良しながら PDC を有効に機能させる取り組みから始めます。

こうした経験を繰り返しながら地域問題の着実な解決を通じて、担当者一人ひとりのリサーチリテラシーを高めていきます。そして、地域内でのデータ活用基盤も構築できます。

２．データ収集・分析・活用 [85]

　「１．EBPM」において、政策形成には適切なデータ収集・分析が求められることを確認しました。政策形成に活かせるデータ収集・分析に関する基本的な知識や手法を説明します。

（１）データ

　「データとはあらゆる物事の推論の土台となる事実であり、また、意思決定するときの参考となる資料・情報のこと」[86] と定義されています。調査や実験によって得られるデータは「定量的データ（quantitative data）」と「定性的データ (qualitative data)」に分けることができます。

　また、データは自ら集めたデータ（一次データ）と公開されている既存のデータ（二次データ）に区分されます。既存データ（二次データ）を使った分析を二次分析と言い、実査を行わない社会調査です。二次分析には公表されているデータを加工・分析するだけでなく、統計のもとになったデータ（個票データ）を利用した再集計・再分析も含まれます。

（２）データ分析

　データ分析とは「物事をできるだけ詳細に分解し、物事が持つ側面・性格や成立させている要素等を明らかにする作業のこと」[87]であり、その基本的な目的は意思決定の判断材料となる客観的な情報を得るためです。分析対象について、「このようになっているのだろう」と想定（仮説設定）し、それをデータ分析によって

確かめる（検証）アプローチを「仮説検証的アプローチ」と呼ばれます。

　また、データ分析では、（ア）新たな「発見」が期待できること、（イ）統計的推定を行うことで一部から全体について把握ができること、（ウ）過去のデータから将来の予測・シミュレーション[88]などができます。こうしたデータ分析を通じて効果的・効率的な立案への重要な情報を得ることが期待できます。

（3）既存資料・データの活用と留意点

　問題設定し、その解決のために知りたいことを洗い出した上で、まずは、既存資料を探索し、読み取り、整理します。その上で不足・不十分な情報について独自に調査を行います。

　政策形成の観点からの既存資料には、基本的に（ア）先行研究（研究者の論文など）、（イ）文書資料（報告書、個別計画書など）、（ウ）統計[89]（公的では国政調査、経済センサスなど）があります。

　政府が管理している統計は、web サイトである「政府統計の総合窓口（e-Stat）」から入手できます。これら既存資料を活用する場合は、調査の対象、方法とともに用語の定義にも留意することが求められます。

> ### 実務で活かすポイント
> ### 集めたデータは見える化して傾向を把握する
>
> 　集めたデータは、対象の特性を把握するために平均値や標準偏差など数的処理が行なわれますが、一方で全体像を見える化することで対象グループの傾向を把握することも大切であり、対策への情報も得られます。例えば、ヒストグラム[90]によって、データの範囲、バラツキ度合い、同じデータが多い部分、そして異常値などが可視化されます。なお、データの視覚化には多様なグラフ[91]の利用も効果的です。また、散布図[92]を使うことで相関関係の有無を把握できます。他にはクロス集計表[93]を使うことで定性的なデータ間の関係性の確認ができます。
>
> 　こうしたシンプルな手法で全体の傾向を把握することは、データ分析の目的である解決したい問題の特性を理解したり、対策への情報を得ることができます。データ分析の目的は高度な手法を駆使し、数値化することではなく、地域問題の対策づくりへの情報を引き出すことです。なお、こうした視覚化の手法を使いこなすことは、データ分析の経験が少ない方や、苦手意識のある方にはリサーチリテラシーを高める機会にもなります。

（4）政策形成に活かすデータ分析

　　1）政策形成へデータ分析の活かし方

　　　政策形成におけるデータ収集・分析は、データから地域の問題を解決するために有益な情報を得る取り組みです。まず、（ア）気づいていない新たなことを発見することができ、効果的な問題解決の糸口をつかむことができることです。次に（イ）意思決定を支援してくれること。そして、（ウ）言いたいことが、第三者に伝わりやすくなり、説明責任の遂行に役立つことなどが挙げら

れます。

図表Ⅹ -2　政策形成に活かすデータ分析からの情報

　（ア）気づいていない新たなことを発見することができる
　（イ）意思決定を支援する
　（ウ）説明責任遂行に役立つ

　経験や直感を重視している現状の政策形成現場においては、まずは、（イ）、その上で（ウ）のためにデータ活用をはじめることもデータ活用を促進することになります。

2）データ分析からの発見の事例

　上記の（ア）にあるようにデータ収集と分析に取り組むことで、"新たな知識"を得ることができれば、効果的な対策立案が期待できます。そして、この取り組みは固定観念や前例踏襲的な発想を脱却することにつながります。

　データ分析からの発見の例として、ナイチンゲールの取り組み事例がいろいろな文献で紹介されています。クリミア戦争での野戦病院で看護活動を行っていたフロレンス＝ナイチンゲール（1820-1910）はイギリス軍の戦死者・傷病者に関する膨大なデータを分析した結果、多くが戦闘で受けた傷そのものではなく、傷を負った後の治療や病院の衛生状態が十分でないことが原因で死亡したことを明らかにしました。分析を通じて、"本当の死因を明らか"にし、その対策として、病院内の衛生状況を改善することで傷病兵の死亡率を劇的に引き下げました。

実務で活かすポイント

「評価」にも活かすデータ収集・分析

　EBPM などの影響を受けて、政策立案においては、適切な意思決定を することを支える根拠としてのデータ収集・分析が注目されています。 ただし、立案だけではなく、「評価」についても同様の取り組みが求め られます。

　日本では政策評価が既に長い期間、継続されています。ただし、形式 的な評価となっていることをⅢ章で確認しました。形式的な評価になっ ている背景には評価を適切に行うデータ収集・分析、そしてデータ活用 できるデータ整備がされていないことも挙げられています。そうした客 観的な根拠となるデータ整備がない中で政策評価を行ってきたことにな ります。

　よって、今、注目されている EBPM の流れでデータを整備する場合は、 立案だけではなく、評価も意識したデータ整備・活用が望まれます。な ぜなら、「1. EBPM」が対象としているのは、立案だけではなく、「評価」 も含まれるからです。

（5）政策形成へのデータ活用の留意点

　　　　データ分析を問題解決に活かす際の留意点は次の4点です。「意 思決定面」では、（ア）意思決定を行うのは人であり、データ分 析結果は意思決定を支援するにとどまることを自覚しておくこ と。「問題・目的面」では、（イ）問題や目的が明らかでなければ、 作業に時間を費やしたとしても、問題を解決するのは困難である こと。また、（ウ）データ分析による予測は外れる場合がありま すが、経験や直感による予想と異なり、予測と実績の乖離を評価

し、次の取り組みにつなげることができることから目的実現に着実に前進できることが挙げられます。

そして、「データの質とデータ分析方法面」では、（エ）質の高いデータをもとに分析するために、（a）どんな問題を分析するのか、そのためには、（b）どのようなデータを集める必要があるか、（c）どのような分析手法を用いるか、（d）分析結果をどのように解釈するかなどを明らかにすることが大切です。

こうした観点を重視することで、有効なデータ分析を可能にし、その結果が適切な意思決定に役立ちます。

《コラム》

現場のデータを利用した立案と評価

　"EBPM" で求められている根拠は、科学的な社会調査法を通じたデータや分析結果です。ただし、現状の組織におけるデータ収集・分析の実態や、担当者のリサーチリテラシーの状況から EBPM が求める根拠に基づく政策形成が、困難な地域・組織は少なくありません。しかしながら、今後も経験や直感に依存することへの見直しがなければ、地域の問題解決は進みません。

　まず、現場・地域の事実・実態を示すデータを集め、それらの情報による政策立案から始めます。社会調査法が求める信頼性と妥当性[94]が低くとも、集めたデータは経験や直感に基づいたものではなく、現場の実態を反映している情報です。

　ただし、目的が地域問題の解決であるこの取り組みは、「実施による検証とセット」で行なわれなければなりません。データ収集・分析が科学的に行われていなくとも、実施段階で効果性・実現性の検証を行い、必要に応じて政策の軌道修正を行いながら、着実にアウトカムに近づいていく進め方です。

　この進め方は実施においてアウトカム視点で評価することで得たデータや情報にもとづいて政策の質を高めていくことになります。実施での評価で得る "実態情報" に基づいて政策を見直すことを通じて目的である地域の問題の解決に前進していくアプローチです。

　現場での EBPM はこうした取り組みからはじめることが現状に適した進め方と考えます。なお、調査内容（対象、方法、集計結果、解析結果、アンケート用紙など）は透明性を持たせて提案する政策の背景にある根拠を第三者が確認できるようにしておきます。

（6）質の高い情報を得るための社会調査[95]

1）社会調査の定義・目的

　社会調査とは社会的現実を把握するために客観的な方法でデータを収集・分析し、研究や実践に活用する手段[96]と言えます。社会的現実は、入手したデータの分析や結果の読み取りを通じて、「何（what）が、どのよう（how）になっているのか」を明らかにし（記述）、そして、「なぜ（why）それがそのようになっているのか」を説明する[97]ことで示されます。その上で将来の予測や提言も目指すと説明されており、政策形成に活かしたい取り組みです。

　なお、客観的な方法とは、データの収集や分析のために①採用された方法が明示されていること。②採用された方法が、調査方法論上の批判（例えば、統計学理論やコミュニケーション理論などの観点）に耐えうること。③同一の方法によって調査を行ったならば、同一の結果が得られたであろうと誰もが判断できること[98]と整理されています。

2）問題解決と社会調査

　現場の問題解決では、現場の状況が個々に異なることから社会調査から得た情報を根拠に、個別の状況に適した解決策を立案し、展開していくことが問題を解決するためには効果的です。

　個別状況への対応が求められる社会福祉分野での社会調査目的については、経験や権威者のいうことを鵜呑みにせず、調査によって確実な答えを得て、実践に活かすこと（根拠に基づく実践(evidence based practice)[99]が強調されています。

（7）量的調査と質的調査

　1）量的調査[100]

　　量的調査は個々人から集めた調査結果を対象として、統計的な処理を行うことでグループの特性を客観的に測定し、調査対象を理解する調査法です。

　　信頼性（誰が測定しても同じ結果になること：安定的な再現可能性）を高めるためには、正しい手順・方法でデータを集めることが重要です。妥当性（把握したいことを適切に測定すること）のためには、測定したい対象を定義することが重要です。図表Ｘ－3は量的調査であるアンケート調査の手順です。

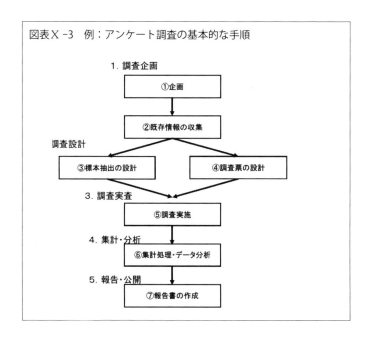

図表Ｘ-3　例：アンケート調査の基本的な手順

1. 調査企画
①企画
②既存情報の収集

調査設計
③標本抽出の設計
④調査票の設計

3. 調査実査
⑤調査実施

4. 集計・分析
⑥集計処理・データ分析

5. 報告・公開
⑦報告書の作成

２）質的調査 [101]

　質的調査とは「主にインフォーマル・インタビューや参与観察あるいは文献資料の検討などを通して、文字テキストや文章が中心となっているデータを集め、その結果の報告に際しては数値に記述や統計的な分析というよりは日常言語に近い言葉による記述と分析を中心とする調査法」[102] や、「人間を社会的存在としてとらえ、人間の抱える問題を包括的に考察するために、数値でとらえきれない人間の情緒や思考、言動の意味を探る調査法」[103] と定義されています。

　質的調査の特徴として、その長所は調査対象あたりの情報量が多く、生態学的に妥当な生々しい記述を行うことができることの他、臨機応変にアプローチを変更でき、問題を多面的・総合的把握することが可能であることです。一方、短所としては、記述が主観的になりやすいこと、結果を一般化しにくいこと、追試による再現が難しいことなどが挙げられています。

実務での活用ポイント
担当者のリサーチリテラシー開発・強化の重要性

　個別性が高い地域問題を解決するためには、現状のオープンデータでは限界がある政策領域があります。例として、リーサス（RESAS）のデータは、状態や変化（時間、場所など）を示すことが中心になっており、対策づくりの情報としては限界があります。よって、テーマに関連した他の調査と組み合わせることが必要です。例えば、移住促進には対象別のニーズ調査や、集客促進では、顧客満足度調査などと組み合わせることが政策立案に必要です。

　こうした取り組みを行うためには担当者のリサーチリテラシー開発や強化が必要です。また、高度な専門ノウハウが必要な際には、事業者に依頼する場合でも目的に適したリサーチを行い、その結果を政策に適切に反映するマネジメントが求められます。そのためにも地域問題解決の当事者としての担当者にはリサーチリテラシーが必要です。

3．オープンデータ・ビッグデータの活用

　　最近、政策形成に活かす取り組みが期待されているオープンデータやビッグデータについて説明します。

（1）オープンデータ

　　オープンデータとは、誰もが自由に利用できる情報です。日本では、官公庁による調査が統計表として公表されており、ウェブサイトで閲覧できます。統計の窓口として e-Stat 等も整備されています。また、リーサス（RESAS：Regional Economy and Society Analyzing System）は、内閣官房まち・ひと・しごと創生本部が 2015 年に導入した地域経済分析システムです。

（2）ビッグデータ

　　ビッグデータには明確な定義はありませんが、その特性を表す「3つの V」で説明されています。「Volume（量）」、「Variety（多様性）」、「Velocity（速さ）」の頭文字です。「Volume（量）」とはデータが "ビッグ " であるという「量」を表しています。「Variety（多様性）」は、数値、テキスト、画像、動画など多種多様、複雑なデータを扱うことを表し、「Velocity（速さ）」は、リアルタイム性とデータ増加スピードの特徴を表しています。また、「Veracity（正確さ）」を加えている場合もあります。

　　オープンデータであるリーサス（RESAS）では公的統計や民間のビッグデータを集約し、グラフ等でデータが可視化されています。

《コラム》
「データ収集・分析ありき」を避ける

（1）データ分析の目的の明確化

　最近、政策形成にデータを活かすことが注目されていますが、データ収集・分析は手段ですから、その目的が曖昧なままでデータを集めはじめたり、分析することは避けなければなりません。

　しかし、実際の調査において見受けられるのは、"目的が曖昧"なままでのデータ収集・分析です。例えば、目的が曖昧のまま、すぐにアンケート用紙の設計をはじめた調査では、結果的に収集したデータが有効に活かされなかったという事例[104]があります。他には関連データを手当り次第に集めはしても、多くが活用されなかった事例なども報告されています。また、高度な分析手法で多彩な分析はしても、それが問題解決への対策づくりにつながらなかったことも指摘されています。こうした取り組みでは、分析結果について、「このようなことが言える」と報告はできても、それが政策にどうつながるのかや、立案した政策の効果性についての説明に活かせません。

　データ収集・分析を行う場合は、その目的を明確にした上で、それに適した手法の選択も含めて具体的な調査計画を立てることが大切です。

（2）問題解決に有効なデータを活用する

　EBPMの考えを実践に活かす場合、懸念されるのが、問題解決より"データ活用"を重視することです。例えば、手元にあるデータのみを利用した政策形成です。データ活用を優先してしまい不適切・不十分なデータによる意思決定をしてしまうことを避けなければなりません。

（3）現場が使えるデータを整備する

　EBPM の考え方を組織的に進める際に、組織内のデータ関連部門が主体となり、事業者とともに「データ活用の仕組（システム）」の構築する取り組みで危惧されるのが膨大なコストと時間をかけて構築したにもかかわらず、担当部門が "活用しないこと、活用できないこと" です。現状では、担当部門が解決したい問題に対する政策立案や政策評価に活用したいデータを収集・分析する際に、データ関連部門がサポートすることのほうが効果的と言えます。

4．事業戦略・マーケティングの手法

　政策形成に活かせる事業戦略やマーケティング[105]の視点、手法を解説します。

（1）事業戦略
　事業戦略において重要な分析対象である「環境」、「業界」、「事業構造」について代表的かつ、実務での有効活用が期待される視点、手法を説明します。

1）環境分析
①「PEST分析」
　PEST分析では4つの切り口でその変化を見ていきます。4つの切り口とは「政治的要因（Politics）」、「経済的要因（Economics）」、「社会的要因（Social）」、「技術的要因（Technology）」であり、この頭文字をとって「PEST分析」と呼ばれています。なお、追加視点（例えば、「環境的要因（Ecology）」）を加えた活用も見られます。

図表Ⅹ-4　PEST 分析

視点	対象項目
政治的要因 Politics	政府の方針転換、業界法の改正、規制の強化や緩和、外交問題の変化
経済的要因 Economics	世の中の景気動向、物価の変動、GDP成長率、失業率鉱工業生産指数、住宅着工数などさまざまな経済指標や今後の見通し
社会的要因 Society	人口動態、文化、教育制度、ライフスタイルやものの考え方の変化
技術的要因 Technology	新技術の誕生、普及による市場の変化

②「SWOT 分析」

　SWOT 分析は経営環境を内部（強み、弱み）からの影響と外部環境（機会、脅威）からの影響に区分し、さらに良い影響をもたらすものと悪い影響をもたらすものに区分することで自組織や自地域の環境を明確にする手法です。

　また、「クロス SWOT 分析」は整理した組織・地域の内部環境（強み、弱み）と組織・地域を取り巻く外部環境（機会、脅威）の4つを組み合わせて戦略を立案する手法です。

図表Ⅹ-5　SWOT 分析の視点

内部環境	**S** 強み（Strength） 組織・地域の強み	**W** 弱み（Weakness） 組織・地域の弱み
外部環境	**O** 機会（Opportunity） 外部環境からの機会（追い風）	**T** 脅威（Threat） 外部環境からの望ましくない影響（向かい風）

図表X-6　クロス SWOT 分析フレーム

		外部環境	
		機会 Opportunity	脅威 Threat
内部環境	強み Strength		
	弱み Weakness		

２）事業構造

③「ビジネスプロセス図」

　ビジネスプロセス図は事業や業務プロセスを可視化したものです。現状のプロセスを可視化し、全体最適化の観点から課題を抽出し、共有するために効果的です。図表X-7は業務プロセス図の例です。

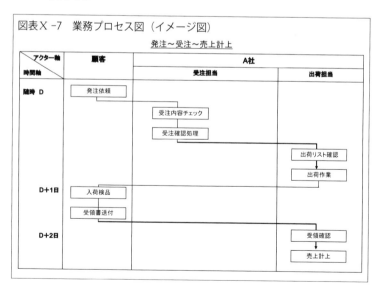

図表X-7　業務プロセス図（イメージ図）
発注～受注～売上計上

（2）マーケティング

　地域の問題解決にマーケティングが活用できます。マーケティングで強調されているのは、「顧客ニーズ充足志向」です。顧客ニーズを満たすためや、抱えている問題を解決することに貢献するサービス・商品を提供することです。マーケティングの教科書では、「顧客はドリルが欲しいのではなく、1センチの穴が欲しい」ことを理解することが大切であると記載されています。政策形成において、住民ニーズを満たす（住民が抱えている問題を解決する）政策を立案するためにマーケティング手法が活用できます。

①「STP分析」

　STPとは「セグメンテーション（Segmentation)」、「ターゲティング（Targeting)」、「ポジショニング（Positioning)」それぞれの頭文字の組み合わせです。政策立案においては、対象を「細分化」し、「ターゲットを絞り込み」、それぞれの特性、ニーズを具体的に把握し、それに適した対策を立てるために役立ちます。

　政策立案において、問題や対策の対象が「市民」や「高齢者」などでは範囲が広く、問題やニーズが曖昧になっていることが見られますが、これを回避し、問題や対象を明確化することに役立ちます。問題解決のための対策としての政策は総花的な内容よりも、対象を絞り込み、その対象ごとの特性に適した対策のほうが解決に有効な内容となります。

②「マーケティングミックス」

　顧客満足を実現させる様々な手段の組み合わせを指しますが、そこで使われる視点は問題分析においても活用できます。マーケティングミックスの要素とは、（ア）製品（Product)、（イ）価格

（Price）、（ウ）流通（Place）、（エ）販売促進（Promotion）であり、頭文字をとって「４つのＰ」と言われます。

「４つのＰ」は売り手視点ですが、顧客視点からのマーケティングミックスとして「４つのＣ」があります。(a)顧客ソリューション（Customer Solution）、(b) 顧客コスト（Customer Cost）、(c)利便性 (Convenience)、(d)コミュニケーション（Communication）が顧客視点からの４つのＣです。

《コラム》
政策形成に適したマーケティングミックス：７つのＰ

政策形成においては、その特性から「プロダクトを顧客に提供する人材（Personnel)」、「プロダクトを採用者までにとどける過程（手順）(Process)」、そして「提供するための連携・協働（Partnership)」の３つのＰを加えた７つの視点から分析することが有効です。

> 図表Ｘ –8　マーケティングミックスの：７つのＰ
>
> ・製品（Product）
> ・価格（Price）
> ・流通（Place）
> ・販売促進（Promotion）
> ＋
> ・人材（Personnel)
> ・プロセス（Process)
> ・連携・協働（Partnership)

５．ベンチマーキング手法

　　ベンチマーキング手法は、成果事例に学び、政策形成に活かすための手法です。よく見受けられる‘事例の模倣’を避け、事例から学び、政策形成に活かす方法を手順に沿って説明します。

（１）ベンチマーキング手法の活用目的
　　　　政策形成に活かすためにベンチマーキング手法を通じて知りたいことは、ベンチマーキングの対象とした地域や組織が評価されている結果の背景に、どのような要因があったのかということです。

　　　　その要因には地域・組織が実施段階で直面したであろう問題をどう克服したのかも含まれ、成果に影響した要因を自分たちの地域や組織に活かすことができます。単に手法や導入手順などを理解するだけでは、本来の目的は実現できません。成果を出した要因を学び、自地域やそれを推進する組織が、どのような点に留意して進めれば、成果を享受できるかを見極めることが重要です。

《コラム》

ベンチマーキングの現状と活かし方

　評価されている事例を学ぶことは政策形成に有効です。ただし、対象事例のデータを集め、視察に行き、関係者に話を聞くという膨大な時間とコストをかけても、自分たちの問題解決には活かせていないことがよく見受けられます。その主な原因は、対象事例は「なぜ、成果を出せたのか」を押さえていないからです。成果を出した要因、成果に影響を与えた要因を明らかにしないまま、対象事例で行われた内容や使われた手法などをそのまま自分たちの地域に移植しようとするのでうまくいかないのです。

　「なぜ、成果が出たのか。成果に影響を与えた要因は何か」を押さえられない理由は、まず、（ア）聞きだす意識がないことです。「何をどう実施したのか」のみを重視しているからです。また、意識はあったとしても、（イ）事例を進めた地域・組織自身が整理していない場合も見受けられます。

　成果の背景を整理できていない地域・組織も多くあることからベンチマーキングを通じて、なぜ、うまくいったのかの成果の要因を引き出し、整理できれば、自分たちの地域の問題解決に役立つ情報を得ることができきます。

（2）ベンチマーキングの進め方

　　政策立案のためのベンチマーキングは次の順番で進めます。
①自地域の問題を明確にする。　②ベンチマーキング先の取組内
容を理解する。③現地で聴き出したい質問項目や見たい現場・現
物を列挙する。④ベンチマーキング先で情報を入手する。⑤自地
域に活かす順です。

　　現地でベンチマーキング先の担当者に直接、取り組み内容を確
認する④を「実施」段階として、その準備としての ①〜③を「事
前」、⑤を「事後」として３つの段階に区分します。ベンチマー
キングの目的である⑤のためには、①〜 ④の順できちんと段階
を踏むことが効果につながります。

```
図表Ⅹ-9　ベンチマーキングの進め方

　「事前」
　①自地域の問題を明確にする。
　②ベンチマーキング先の取組内容を理解する。
　③現地で聴き出したい質問項目や見たい現場・現物を列挙する。

　「実施」
　④ベンチマーキング先で情報を入手する。

　「事後」
　⑤自地域に活かす。
```

①自地域の問題を明確にする

　ベンチマーキングは手段です。その目的は成果を実現した地域
やそれを成し遂げた組織が取り組んだ内容やそこで活かした手法
を調べて理解するだけではなく、自地域の問題を解決するための
効果的な情報を入手することです。まず、ベンチマーキングを行
う場合、自地域において解決を求められている問題は何かという

明確な問題設定が必要です。

②ベンチマーキング先の取組内容を理解する

　①自地域の問題解決に向けて、ベンチマーキング対象（以下地域Ａと表現する）が行っている取り組みが参考になりそうだと判断した場合、地域Ａをベンチマーキング先として選定することから始めます。そして、入手可能な情報を集めて、次の９項目を整理することで地域Ａの取り組み内容を理解します。

　（ア）取り組みの背景（解決したい問題はどのようなものだったのか）、（イ）その問題の解決手段として、なぜ、現在の取り組みを選択したのか、（ウ）取り組みの成果目標、（エ）取り組みの活動計画、（オ）取り組みの到達点、（カ）到達点へ至る具体的な取り組み内容、（キ）取り組み内容上で工夫したこと、（ク）成果の背景として考えられること（成果に影響を与えたと思われる要因）、（ケ）今後の課題です。

　（ア）から（ケ）は、項目間がつながるように整理していき、収集できない情報はその欄を空けておきます。それらはベンチマーキング先から直接、聞き出す質問項目となります。

図表Ｘ-10　ベンチマーキング先の情報収集項目

　（ア）取り組みの背景（どのような問題に直面していたのか）
　（イ）その問題の解決手段として、なぜ、現在の取り組みを選択したのか
　（ウ）取り組みの成果目標
　（エ）取り組みの活動計画
　（オ）取り組みの到達点
　（カ）到達点へ至る具体的な取り組み内容
　（キ）取り組み上で工夫したこと
　（ク）成果の背景と考えられること
　（ケ）今後の課題

③現地で聴き出したい質問項目や見たい現場・現物を列挙する

　ベンチマーキングの目的は地域問題解決のための対策（政策）として地域Ａの取り組みを自地域に活用するためですから、自分たちが実施するという想定で、どのような準備をして、導入し、定着させるかのシナリオ案を組み立ててみます。そうすることで想定される実施上のリスクが浮かび上がってきます。それらのリスクを自地域が克服しなければ、成果には到達しないことから、そのリスクへの方策を用意しなければなりません。

　そこで、リスクを克服するには、どのような方策を準備するのがいいのかを成果を出している地域Ａから学ぶために具体的な質問を設定します。地域Ａの取り組みプロセスで発生したであろうリスクは自地域でも同じように発生しやすいと考え、それをどのように克服したかを聴きだします。それらは一般には入手できない情報であるため、現場へ出向き、直接、話を聴く必要があり、それを“語れる人”から話を聴かなければなりません。

　このように②と③で設定した具体的な質問を事前に先方へ送付して、それらの質問に適切に答えてくれる適任者の選定を依頼しておくことも効果的なベンチマーキングには必須です。ここでの適任者とは地域Ａの取り組みの中で発生した問題に自ら汗をかき、解決した人物です。この体験のない人に質問をしても、返ってくる回答は誰でも入手可能な情報とさほど変わりません。つまり、「何を」聴き出すかとともに、「誰」に聴くかということも重要なのです。“聴く人を選ぶこと”はベンチマーキングで目的達成に影響を与える最も重要なことの一つです。

④ベンチマーキング先で情報を入手する

　現地では現場で現物を見ながら、②、③で洗い出した質問の回答を得ます。成果の出たその取り組みをどのように導入・定着させていったのか、特に、地域Ａが想定されるリスクに直面したのであれば、どう対処したのかを聴き出します。

　生の声を聴くことは、地域Ａの取り組み内容を自地域に採用する際に貴重な情報となります。なぜなら、質問の中には、地域Ａのメンバーが自覚していない成果要因が含まれている可能性があるからです。

⑤自地域に活かす

　ベンチマーキングで得た情報を活かし、　①で設定した問題に対する実効性（効果性・実現性）の高い政策（対策）を立案します。

実務での活用ポイント

求められる新たな取り組みの時間を創出[106]する活動

　めざす地域・街づくりに向けて地域が主体となり展開する政策形成は、地域にとっては新たな取り組みです。そのために新たな専門部門を設置することや外部組織に依頼することも考えられますが、本書は、個々の政策領域の担当者が主体的に政策形成プロセスを展開することが重要と考えます。Ｖ章からＸ章までの実務に活かす政策形成の手順や手法は一人ひとりの担当者が、新たな取り組みを効果的・効率的に実施するための提案です。その活用により担当者が政策形成人材（図表Ｉ‐１）として活躍することをめざしています。たとえ、外部の専門機関と連携するにしても地域問題解決の当事者として担当者が政策形成プロセスのイニ

シアティブを取らなければなりません。そのためにも政策形成能力の習
得が必要であり、本書を実践で活用していただきたいと考えています。

　新たな取り組みは従来の発想を変え、能力を高め、行動を変えていく
ことが必要です。そのためには一定の時間が必要となることから、現状
の業務環境の改善を通じた時間創出の取り組みも求められます。

〈注〉
78 内閣府 HP「内閣府における EBPM への取り組み」。内閣府はエビデンスを「証拠」と表現して
　いる。
79 大杉（2015）
80 大橋（2020）
81『自治体の政策形成マネジメント入門』P215
82 大橋（2020）
83 能登（2013）
84 大橋（2020）
85『自治体の政策形成マネジメント入門』P86
86、87 西山他（2013）
88『自治体の政策形成マネジメント入門』P86、211
89 統計とは、ある事象を調査によって得られた数量のこと。または調査を通じてデータを把握す
　ることを言う場合もある。
90 ～ 93『自治体の政策形成マネジメント入門』P102 ～ 113
94『自治体の政策形成マネジメント入門』P214
95『自治体の政策形成マネジメント入門』P211
96 社会調査とは「一定の社会または社会集団の社会事象に関する特徴を記述（および説明）す
　るために、主として現地調査によってデータを直接蒐集し、処理・分析する過程である」（原
　2004）
97 芦田（2009）
98 原（2016）
99 笠原（2013）
100『自治体の政策形成マネジメント入門』P94
101『自治体の政策形成マネジメント入門』P114
102 佐藤（郁）（2006）
103 瀬畠他（2001）
104『自治体の政策形成マネジメント入門』P212
105『自治体の政策形成マネジメント入門』P122
106 矢代（2018）

おわりに

　「アウトカム重視」の政策形成の重要性を理解し、現場で実践できる"政策形成人材"の育成は地域経営における喫緊の課題です。"政策形成人材"がそれぞれの地域や組織で活躍していることは、過去20年以上、多様な自治体やNPOの職員の方々と仕事をすることを通じて実感しています。その方々は手段ありきでなく、具体的な情報、多面的な分析を重視している人材です。しかし、残念ながらその人材は限られているのが現状です。

　本書は政策形成の経験が少ない担当者が、成果を出している"政策形成人材"と同じようにアウトカム重視の発想を持ち、アウトカム重視の政策形成を展開し、成功体験を蓄積してもらうことを目的としています。この目的のために政策形成の核となる立案の質を高めるための手順と視点を詳しく述べています。立案手順の中では特に、"問題提起"と"問題分析"部分を重視しています。その理由は、政策立案の課題で挙げられているように現状、多くの立案が、「手段ありき」だからです。手段ありきになる背景は、問題を具体的に描き、問題を分析することが行われず、経験や直感に頼って立案されていることがあります。

　こうした課題を克服するために、本書は、経験や直感に過度に依存するのではなく、最低限の現場データを収集し、その分析から立案（仮の答）の質を高めることを重視しています。ただし、複雑な公的問題解決は立案された政策の質を高めるだけでは成果（アウトカム）実現には限界があります。そこで、実施中での成果（アウトカム）視点からの評価により政策の改良を繰り返すことで、着実に成果（アウトカム）に近づくアプローチの手法として「アウトカム・パス」を提案しています。

　本書の活用を通じて、担当者一人ひとりが、現場での地域問題に対して、

アウトカムを重視した政策形成を展開することによって、それぞれの政策領域での現場が変わるとともに、担当者一人ひとりが実績を積み重ねながら能力と自信を高めていくことを期待しています。

参考文献

秋吉貴雄（2010）「第 1 章公共政策とは何か、公共政策学とは何か」秋吉貴雄・伊藤
　修一郎・北山俊哉著『公共政策学の基礎』有斐閣

芦田徹朗（2009）「1　社会調査の意義と目的」谷富夫・芦田徹朗編著『よくわかる
　質的社会調査　技法編』ミネルヴァ書房

荒木昭次郎（1990）『参加と協働』ぎょうせい

足立幸男（1984）『議論の論理』木鐸社

阿部孝夫（1998）『政策形成と地域経営』学陽書房

伊藤修一郎（2010）「第 12 章公共政策の評価」秋吉貴雄・伊藤修一郎・北山俊哉著『公
　共政策学の基礎』有斐閣

伊藤修一郎（2011）『政策リサーチ入門　仮説検証による問題解決の技法』東京大学
　出版会

伊藤修一郎（2017）『データ分析の力　因果関係に迫る思考法』光文社

稲葉昭英（2006）「レッスン 6 仮説の構築と検証の手続き」岩田正美・小林良二・中
　谷陽明・稲葉昭英編『社会福祉研究法　現実世界に迫る 14 レッスン』有斐閣

ウェンガー,E. 他（2002）桜井裕子訳『コミュニティ・オブ・プラクティス』翔泳社

牛山久仁彦（2011）「第 4 章政策の企画立案と自治体の取り組み、第 8 章住民協働の
　まちづくり」佐々木信夫・外山正美・牛山久仁彦・土居丈朗・岩井奉信著『現代地
　方自治の課題』学陽書房

宇都宮浄人編著（2022）『まちづくりの統計学　政策づくりのためのデータの見方・
　使い方』（学芸出版社）

大竹文雄（2019）『行動経済学の使い方』岩波書店

大杉覚（2015）「第 3 章自治体政策マネジメントと地域発自治創造」大森彌・武藤博
　已・後藤春彦・大杉覚・沼尾波子・図司直也共著『人口減少時代の地域づくり読本』
　公職研

大橋弘編著（2020）『EBPM の経済学』東京大学出版会

オリヴィエ・シボニー（野中香方子訳）『賢い人がなぜ決断を誤るのか？』日経 BP

笠原千絵（2013）「序章　実践を変える調査とは何か」笠原千絵・永田祐編著『地域
　の〈実践〉を変える社会福祉調査入門』春秋社

カーネマン D.（2014）（村井章子訳）『ファスト＆フロー（上・下）』ハヤカワ・ノン

フィクション文庫

川喜田二郎（1967）『発想法　創造性開発のために』中央公論社

北川源四郎他（2021）『教養としてのデータサイエンス』講談社

北川由紀彦（2015）「9 情報のリテラシー（1）」山岡龍一・岡崎晴輝著『市民自治の知識と実践』放送大学教育振興会

北山俊哉（2010）「第 6 章規範的判断」秋吉貴雄・伊藤修一郎・北山俊哉著『公共政策学の基礎』有斐閣

倉坂秀史（2012）『政策・合意形成入門』勁草書房

桑子敏夫（2011）「第 9 章社会基盤整備での社会的合意形成のプロジェクトマネジメント」猪原健弘編著『合意形成学』勁草書房

コトラー P.（1983）村田昭治監修　小坂他訳『マーケティング・マネジメント [第 4 版]―競争的戦略時代の発想と展開―』プレジデント社

佐々木信夫（2013）『日本の行政学』学陽書房

佐藤郁哉（2015）『社会調査の考え方 (上・下)』東京大学出版会

佐藤慶一（2019）『政策情報論』共立出版

佐藤朋彦（2013）『数字を追うな　統計を読め　データを読み解く力をつける』日本経済新聞社

佐藤徹（2013）「第 1 章市民参加の基礎概念」高橋秀行・佐藤徹編『新説　市民参加　改訂版』公人社

佐野亘（2005）「第 3 章範型としての問題解決志向」足立幸男編著『政策学的思考とは何か　公共政策学原論の試み』勁草書房

佐野亘（2010）『BASIC 公共政策学　第 2 巻公共政策規範』ミネルヴァ書房

サンスティーン .C（2020）（坂井他訳）『ナッジで、人を動かす　構造経済学の時代に政策はどうあるべきか』(NTT 出版)

サンスティーン .C（2021）（吉良貴之訳）『入門　行動経済学と公共政策　ナッジからはじまる自由と幸福論』(勁草書房)

サンスティーン .C 他（2016）（田総恵子訳）『賢い組織は「みんなで決める」リーダーのための行動経済学』(NTT 出版)

柴田悠（2016）『子育て支援が日本を救う　経済効果の統計分析』勁草書房

シボニー .O　野中香方子訳（2021）『賢い人がなぜ決断を誤るのか？』日経 BP

新藤宗幸（2004）『概説日本の公共政策』東京大学出版会

菅原琢（2022）『データ分析読解の技術』中公新書クラレ

スミス M.（2009）藤江昌嗣監訳・矢代隆嗣訳『プログラム評価入門』梓書房

セイラー R., サンスティーン C.（2009）（遠藤真美訳）『実践　行動経済学』日経 BP 社

瀬畠克之他（2001）「質的研究の評価基準－研究手法としての妥当性をめぐって」『日本公衆衛生学』第48巻第5号

田尾雅夫（2011）『市民参加の行政学』法律文化社

田尾雅夫（1999）『ボランタリー組織の経営管理』有斐閣

高橋誠編著（2002）『新編　創造力事典』日科技連

高橋範光（2015）『道具としてのビッグデータ』日本実業出版社

田中重好（2010）「Ⅰ-2地域政策策定過程と公共性担保の技法」矢澤澄子監修『地域社会の政策とガバナンス』東信堂

田中啓（2014）『自治体評価の戦略』東洋経済新報社

谷富夫・芦田徹郎編著（2009）『よくわかる質的社会調査　技法編』ミネルヴァ書房

谷富夫・山本努編（2010）『よくわかる質的社会調査　プロセス編』ミネルヴァ書房

谷岡一郎（2000）『「社会調査の」のウソ─リサーチ・リテラシーのすすめ』文藝春秋

田村哲樹（2008）『熟議の理由　民主主義の政治理論』勁草書房

塚本壽雄（2005）「第4章政策評価の現状と課題」北川正恭・縣公一朗・総合研究開発機構編『政策研究メソドロジー』法律文化社

土田昭司他（2011）『新・社会調査のためのデータ分析入門-実証科学への招待』有斐閣

津田敏秀（2013）『医学的根拠とは何か』岩波書店

西尾隆（2012）『現代行政学』放送大学教育振興会

西尾勝（2013）『自治・分権再考　地方自治を志す人たちへ』ぎょうせい

西田治子（2003）「組織を超えた知識創造と政策形成─オープン・コラボレーション」野中郁次郎・泉田裕彦・永田晃也編著『知識国家論序説』東洋経済新報社

西山敏樹他(2013)『データ収集・分析入門─社会を効果的に読み解く技法 (アカデミック・スキルズ)』慶應義塾大学出版会

能登洋（2013）『2週間でマスターする　エビデンスの読み方・使い方のキホン』港江堂

野中郁次郎（2003）「知識国家の構想」野中郁次郎・泉田裕彦・永田晃也編著『知識国家論序説』東洋経済新報社

野中郁次郎・紺野登（2003b）『知識創造の方法論　ナレッジワーカーの作法』東洋経済新報社

羽貝正美（2007）「基礎自治体の新しい地平」羽貝正美編著 『自治と参加・協働』学芸出版社

ハトリー H．P．（2004）上野宏・上野真城子訳『政策評価入門　結果重視の業績測定』

東洋経済新報社

濱田嘉昭編著（2011）『科学的探究の方法』放送大学教育振興会

原純輔，海野道郎（2004）『社会調査演習　第2版』東京大学出版会

原純輔（2016）『社会調査　しくみと考え方』左右社

原科幸彦（2011）「第3章プランニングにおける合意形成」猪原健弘編著『合意形成学』勁草書房

林宣嗣・林亮輔編著（2021）『地域データ分析入門　すぐに役立つ EBPM 実践ガイドブック』日本評論社

藤井禎介（2009）「第5部Ⅱ章政策過程の諸段階」村上弘・佐藤満著『よくわかる行政学』ミネルヴァ書房

藤田政博（2021）『バイアスとは何か』筑摩書房

藤垣裕子（2008a）「ローカルナレッジと専門知」飯田隆編『岩波講座　哲学4　知識／情報の哲学』岩波書店

藤垣裕子他（2008b）『科学コミュニケーション論』東京大学出版会

ベスト J.（2002）林大訳『統計はこうしてウソをつく』白楊社

待鳥聡史（2015）『代議制民主主義』中央公論社

松下圭一（2013）『2000年分権改革と自治体危機』公人の友社

松下啓一（2013）『熟議の市民参加』萌書房

松田憲忠（2011）「第9章議論の仕方、第13章政策と市民」中道寿一編著『政策研究　学びのガイダンス』福村出版

松野弘（2009）「現代地域問題への視点と課題—＜対立的位相＞から＜協働的位相＞への構造転換—」松野弘・土岐寛・徳田堅二編著『現代地域問題の研究』ミネルヴァ書房

真渕勝（2000）「第3章課題設定・政策実施・政策評価」伊藤光利・真渕勝著『政治過程論』有斐閣

真渕勝（2008）『改訂版　現代行政分析』放送大学教育振興会

真山達志（2001）『政策形成の本質　現代自治体の政策形成能力』成文堂

真山達志（2013）「01 問題の発見と問題の分析」真山達志他著『政策学入門』法律文化社

三菱 UFJ リサーチ＆コンサルティング（2016）『エビデンスで変わる政策形成』

宮川公男（1994）『政策科学の基礎』東洋経済新報社

武藤博已（2000）「第1章自治体の政策形成・政策法務・政策評価」武藤博已編著『シリーズ図説地方分権と自治体改革4 政策形成　政策法務　政策評価』東京法令

武藤博已（2003）「3 政策プロセスの考え方」岡本義行編『政策づくりの基本と実践』

　法政大学出版局

森田朗（2000）『改訂版　現代の行政』放送大学教育振興会

盛山和夫（2004）『社会調査法入門』有斐閣

矢代隆嗣（2013）『NPOと行政の《協働》活動における"成果要因"　成果へのプロセスをいかにマネジメントするか』公人の友社

矢代隆嗣（2015）『地域主体のまちづくりで「自治体職員」が重視すべきこと－事例に学び、活かしたい5つの成果要因』公人の友社

矢代隆嗣（2016）『自治体プロジェクトマネジメント入門－協働による地域問題解決の手法とツール－』公人の友社

矢代隆嗣（2017）『自治体の政策形成マネジメント入門』公人の友社

矢代隆嗣（2018）『ひとりでできる、職場でできる自治体の業務改善：業務時間の創出と有効活用』（公人の友社）

矢代隆嗣（2020）『NPOと行政の協働事業マネジメント～共同から"協働"により地域問題を解決する』公人の友社

柳瀬昇（2013）「第III部第1章討議民主主義理論と公共政策」大山耕輔監修『公共政策の歴史と理論』ミネルヴァ書房

山内直人（2010）「新しい公共」の全体デザイン、非営利組織評価基準検討会編『エクセレントNPO」とは何か』認定特定非営利活動法人言論NPO、103-108

山岡義典（2005）「NPOの現代的意義」山岡義典編著『NPO基礎講座（新版）』ぎょうせい

山岡義典（2008）「参加と協働の手法」山岡義典・雨宮孝子編著『NPO実践講座（新版）』ぎょうせい

山谷清志（2013）「03政策評価、04政策の失敗・変更・修正」新川達郎著『政策学入門』法律文化社

山脇直司（2004）『公共哲学とは何か』筑摩書房

吉田民雄（2003）『都市政府のガバナンス』中央経済社

ロッシP.H., リプセイM.W., フリーマンH.E他（2005）大島巌・平岡公一・森俊雄・元永拓郎監訳『プログラム評価の理論と方法　システマティックな対人サービス・政策評価の実践ガイド』日本評論社

ワイスC.H.（2014）佐々木亮監修・前川美湖・池田満訳『入門評価学政策・プログラム研究の方法』日本評論社

【著者紹介】

矢代　隆嗣（やしろ・りゅうじ）

㈱アリエール・マネジメント・ソリューションズ　代表取締役
コンサルティングファームにて、業務構造（組織・業務・人材・管理システム）改革、
行政評価などのコンサルティング活動後、㈱アリエール・マネジメント・ソリュー
ションズ設立。キャパシティ・ビルディング・マネジメントをテーマに民間企業、
行政機関、非営利団体へのコンサルティング、研修を中心に活動している。市町村
アカデミー講師、日本行政学会、日本地方自治学会所属。法政大学大学院兼任講師。
法政大学大学院公共政策研究科博士後期過程終了、ニューヨーク大学行政大学院
(MS: 国際公共期間マネジメント）修了、エディンバラ大学経営大学院（MBA）修了。

主な著書として、『NPO と行政の協働事業マネジメント：共同から " 協働 " により
地域問題を解決する』（2020 年）、『ひとりでできる、職場でできる、自治体の業務
改善：業務時間の創出と有効活用』（2018 年）、『自治体の政策形成マネジメント入
門』（2017 年）、『自治体プロジェクトマネジメント入門：協働による地域問題解決
の手法とツール』（2016 年）、『地域主体のまちづくりで「自治体職員」が重視すべ
きこと：事例に学び、生かしたい 5 つの成果要因』（2015 年）、『NPO と行政の《協働》
活動における " 成果要因 "　成果へのプロセスをいかにマネジメントするか』（2013
年）以上公人の友社、『プログラム評価入門（共訳）』（梓出版、2009 年）など。

実務者のための
"アウトカム重視"の政策立案と評価
地方創生に活かす政策形成の基本

2022 年 9 月 5 日　第 1 版第 1 刷発行

著　者	矢代　隆嗣
発行人	武内　英晴
発行所	公人の友社
	〒 112-0002　東京都文京区小石川 5-26-8
	TEL 03-3811-5701　FAX 03-3811-5795
	e-mail: info@koujinnotomo.com
	http://koujinnotomo.com/
印刷所	モリモト印刷株式会社